U0726787

北京市中山公园管理处
中国文物学会 20 世纪建筑遗产委员会　主编

朱启钤与北京中山公园

浙江摄影出版社
全国百佳图书出版单位

图 例 Legend

售票处 Ticket Office		卫生间 Toilet / Wheelchair Accessible	
商店 Shop		游客服务中心 Tourist Service Center	
公交车站 Bus Station		派出所 Police Station	
医务室 Clinic		地铁 Subway	

N 北

① 公园南门
② 保卫和平坊
③ 来今雨轩茶社
④ 长廊
⑤ 孙中山铜像
⑥ 槐柏合抱
⑦ 习礼亭

⑧ 石狮
⑨ 神厨神库
⑩ 中山音乐堂
⑪ 社稷祭坛
⑫ 中山堂（拜殿）
⑬ 愉园
⑭ 戟门

⑮ 格言亭
⑯ 公园西门
⑰ 茅草亭
⑱ 科普小屋
⑲ 蕙芳园
⑳ 宰牲亭及古井
㉑ 搴芝石

㉒ 兰亭碑亭
㉓ 唐花坞
㉔ 四宜轩
㉕ 绘月石
㉖ 迎晖亭
㉗ 水榭
㉘ 北斗七松

㉙ 游客服务中心及母婴室
㉚ 青云片
㉛ 投壶亭
㉜ 松柏交翠亭
㉝ 公园东门
㉞ 南极岩石

北京中山公园最新示意图

中山堂

社稷祭台

来今雨轩茶社

来今雨轩内景

3

"朱启钤纪念展"牌匾

一息斋外景

一息斋内的"朱启钤
纪念展"

唐花坞外景

水榭雪景

保卫和平坊

中山音乐堂

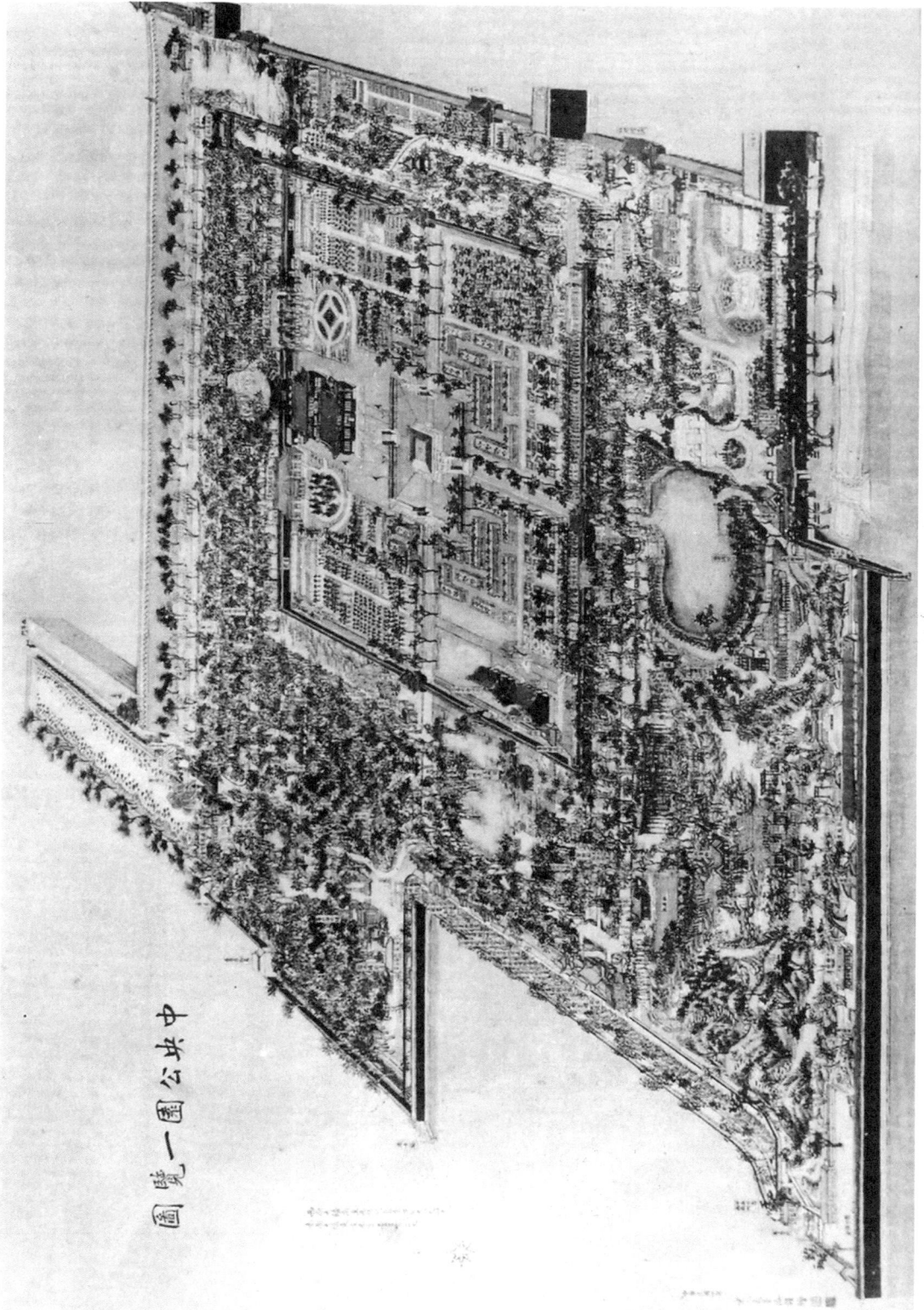

中央公园一览图（1921 年京兆乌景洛先生测绘）

1922 年至 1927 年，南门门厅内

民国时期御河滑冰场

1923 年后的社稷祭台

1929 年蔷薇廊及习礼亭

序

　　北京市中山公园管理处与中国文物学会20世纪建筑遗产委员会将其主编的《朱启钤与北京中山公园》样稿送我，邀我作序，翻看内文后我颇为感慨：其一，该书是今年2月推出的《朱启钤与北京》一书的姊妹篇，其目的除展示朱启钤对创立北京中山公园的贡献外，还以此书纪念北京中山公园对外开放110周年，我很认同开放中山公园对于古都北京现代化的推动作用；其二，该书内容丰富，是公园研究者、城市设计者、遗产文化传播者等的智慧结晶。所以，我更认同该书的价值。

　　特别值得提及的是，社稷坛作为北京中轴线世界文化遗产的15个遗产构成要素之一，处于遗产保护范围内。社稷坛是全国第三批重点文物保护单位之一（1988年1月13日国务院公布），北京中山公园于2022年入选第七批中国20世纪建筑遗产项目。如今的中山公园有明代建筑即社稷坛的拜殿（现为中山堂），更有大批由朱启钤、华南圭等前辈于1914年辟社稷坛为市民公园后建设的20世纪经典建筑，如来今雨轩、唐花坞、水榭及投壶亭、格言亭等，它们令市民真实感受到现代公园的高雅之境。

　　百余年前一批志士仁人秉承"格物、致知、诚意、正心、修身、齐家、治国、平天下"的理想与信念，将皇家坛庙向公众开放，这是北京走向现代化之开端。中山公园的创建是历史的机缘，也是社会发展的必然。它的开放对中国近现代政治、文化、园林建设，对北京城市建设史都具有重要影响。古往今来，在中山公园举办的一系列活动反映了一直以来知识分子启迪民智的强烈愿望，它以寓教于乐的方式构建了丰富的国民公共教育空间。作为一个老北京人，我可以说也是在中山公园周边成长的，后来做了故宫博物院的"守门人"，我更理解保护皇家建筑"左祖右社"之社稷坛的价值。

在中国文物学会、中国建筑学会 10 余年的联合推动下，北京中山公园被推介列入中国 20 世纪建筑遗产，这无疑是对由社稷坛变身的北京中山公园现代化开端的认同，同时也是对中山纪念建筑之中山公园系列研究的认同。2009 年，我时任国家文物局局长，支持了建筑文化考察组关于"中山纪念建筑"的调研、考察、总结及其出版活动，今天再次阅读《中山纪念建筑》一书充满感慨，因为它不仅翔实记录了北京中山公园的创生与改革之举，还是孙中山先生中华民族伟大复兴的精神所在。我钦佩以建筑与园林的名义纪念中山公园的提法，因为中山公园的事件与历史、人物与文化的价值，是可以与建筑园林彼此成就的。

北京中轴线申遗成功，又为北京中山公园发展提供了广阔空间。作为北京"一核两轴两区"建设的重要节点，北京中山公园的地位十分特殊，其前景是大有可为的。我感谢所有为《朱启钤与北京中山公园》一书做出贡献的机构与编撰者们，特别愿意为北京中轴线上的中山公园的《朱启钤与北京中山公园》写下这些。特此为序。

中国文物学会专家委员会主任
故宫博物院学术委员会主任
中国文物学会 20 世纪建筑遗产委员会会长
2024 年 9 月

目 录

篇一　从中央公园到中山公园

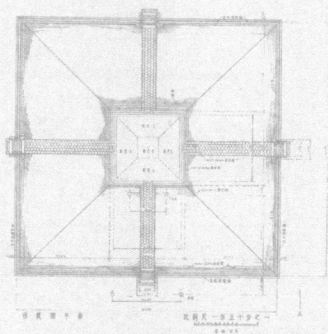

引　言

　　110 年前的 1914 年，北京市政当局顺应时代之变，在朱启钤
（1872—1964）的精心规划组织下，将明永乐十八年（1420）建成的
崇高且神圣的社稷坛，辟为北京第一座对公众开放的城市公园，这无
疑是在中国"数千年未有之变局"背景下，古都北京迈向现代化的伟
大事件与壮举。

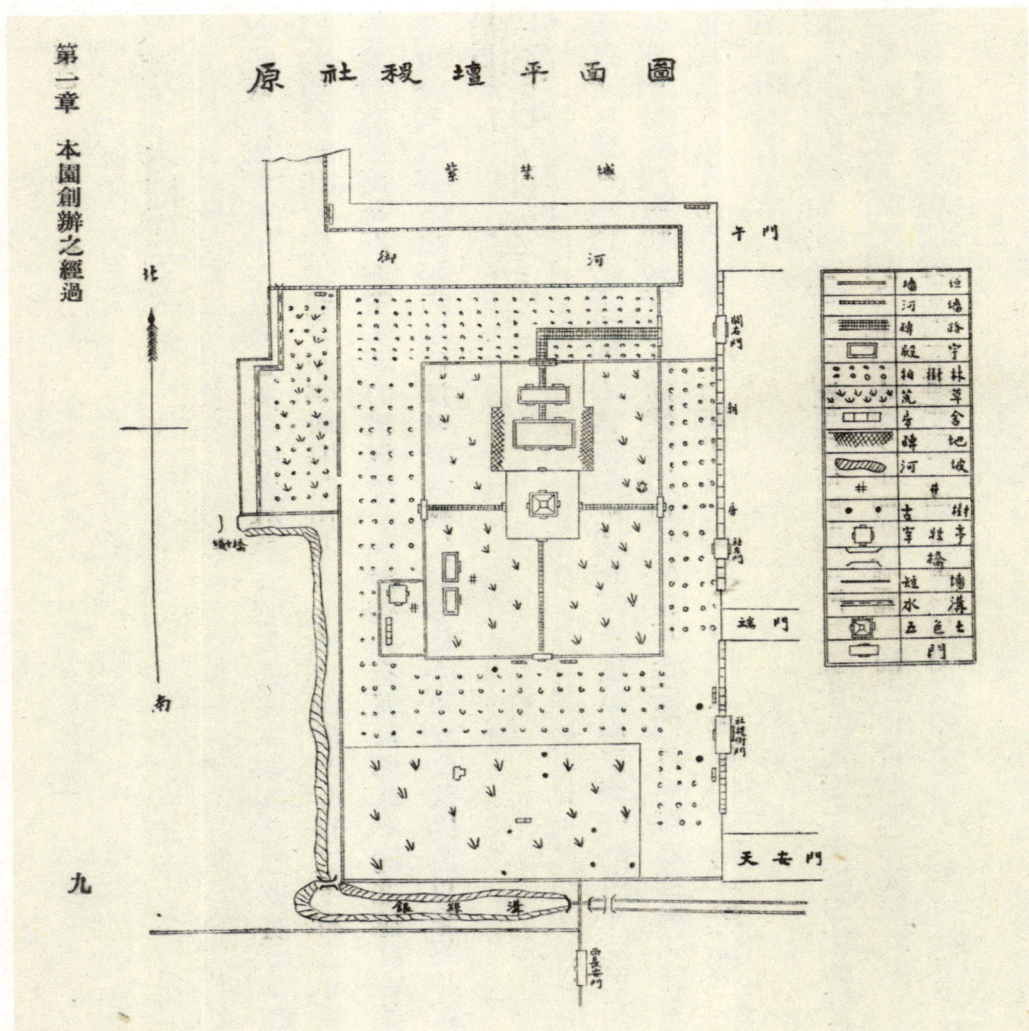

原社稷坛平面图（1913）

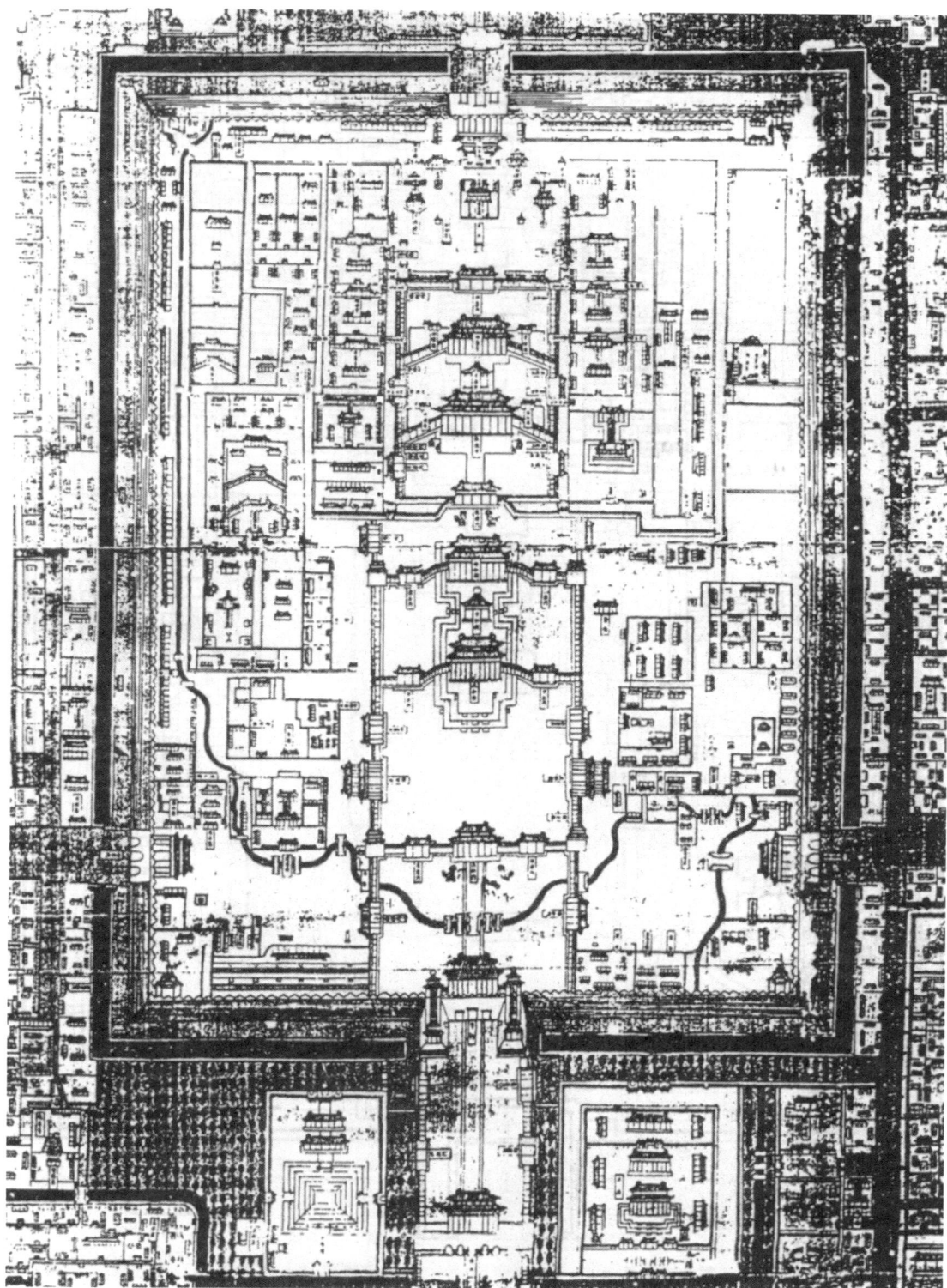

清《皇城宫殿衙署图》中紫禁城部分（康熙八年）

首都北京中山公园鸟瞰

陶一清绘图

北京市人民政府公园管理委员会再版

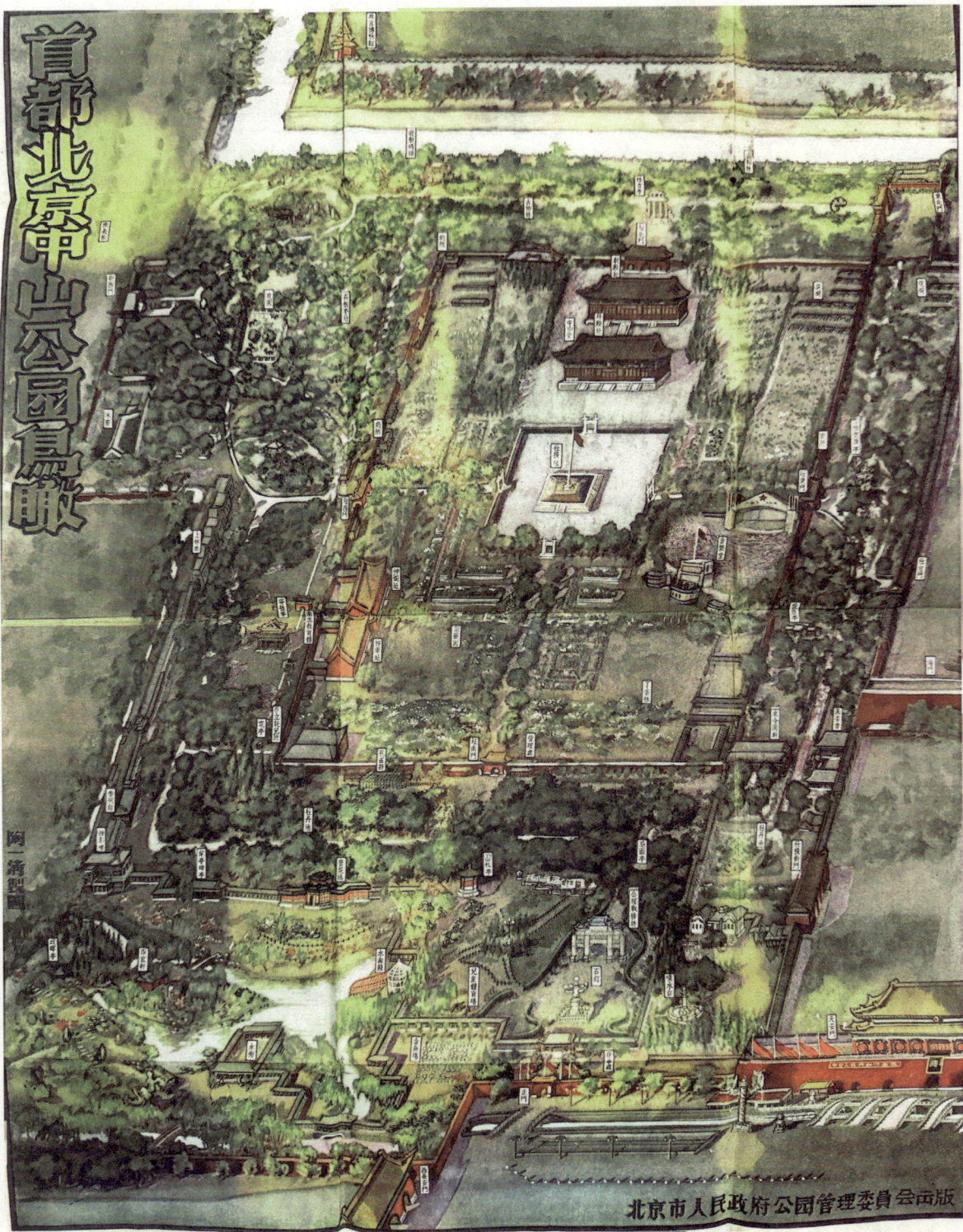

首都北京中山公园鸟瞰图

　　2024 年当地时间 7 月 27 日 11 时 15 分，在印度新德里召开的第 46 届世界遗产大会通过决议，将"北京中轴线——中国理想都城秩序的杰作"列入《世界遗产名录》，这印证了 70 多年前梁思成"北京独有的壮美秩序就由这条中轴的建立而产生"的论断，7.8 千米的北京中轴线记载了古都 700 多年的风雨变迁，也见证了申遗十几载的坚守。社稷坛入选北京中轴线十五个遗产构成要素，无疑是中山公园对公众开放 110 周年庆典的又一大事件。

　　北京中轴线申遗成功，再次向世界证明：北京城市建设是一个具有计划性的整体，其位置的确定是一个杰出的选择，不仅体现了古代人民的智慧，其一脉相承的发展也说明它的可传承性。金代是将北京作为政治中心的第一个朝代，金中都已颇具城市规模；元代的发展使得元大都成为举世闻名的世界城市；明代北京内外城虽建造时间略有先后，但基本上可认为是一次定局，一直延续到清代未曾改变。城市中轴线和街道都经过全面规划，其建筑前后布置、空间搭配及高低错落，统一规划，气势恢宏。《北京与巴黎：东西方历史古都的保护与复兴比较研究》中强调那时的北京在格局规划、城市规模方面都领先于同时代的欧洲城市。这一点在北京中轴线成为世界遗产的评介中更加得以证明。

　　1934 年美国学者埃德蒙·N. 培根在首访北京时指出"在地球表面上人类最伟大的作品，也许就是北京城，这是无价的遗产"；法国著名世界级建筑大师勒·柯布西耶在其著作中将北京城视为其理想的几何城市规划典范，还赞美其为"高度文明的中国北京城"。

　　北京城的倾力保护者梁思成表示："北京对我们证明了我们的民族在适应自然、控制自然、改变自然的实践中有着这么多光辉的成就。这样的一个城市是一个举世无匹的杰作。"[1]

　　到了 20 世纪初的民国，历史的车轮不断向前，时代需要一个走向近现代化的北京，城市建设与社会变革如何与之相适应，在紫禁城周边的天安门广场及"左祖右社"之社稷坛的改建就此提上日程。始

---

[1] 梁思成：《北京——都市计划的无比杰作》，原载《新观察》1915 年 4 月，第二卷 7~8 期。

2023 年 8 月，中山公园党委书记、园长秦雷（右二）等，与国际古迹遗址理事会专家张建文（左二）举行座谈

2023 年 8 月，中山公园党委书记、园长秦雷（左一）陪同国际古迹遗址理事会专家张建文（右二）到社稷坛考察

于 1910 年前后的北京城市中心的改革是一种浪潮，更开启了古都北京近现代化进程，本书重点讲述北京中山公园的发展与影响。

2023 年北京中轴线申遗进入关键阶段，中山公园配合国际组织对社稷坛进行考察。8 月 20 日上午 10 点 20 分，国际古迹遗址理事会专家张建文先生一行考察社稷坛保护管理工作，中山公园党委书记、园长秦雷，研究室主任盖建中陪同讲解。上午 11 点 30 分至下午 1 点，中山公园来今雨轩召开遗产点管理机构负责人见面会。

朱启钤开辟北京中山公园

　　近代北京的蜕变也许是首隽永的诗。《旧都新城——近代北京的社会变革与文化演进》[1]一书引用朱自清的话："北平之所以大，因为它做了几百年的首都；它的怀抱里拥有各地各国的人，各色各样的人，更因为这些人合力创造或输入的文化。"朱启钤就是这样有视野且执着的人，他和他的同道们开创了古都北京的中央公园，既创造也输入现代公园文化。1914年，在北洋政府内务总长朱启钤的主持下，将社稷坛辟为公园向社会开放，初称中央公园。这是当时北京城内第一座公共园林。1925年孙中山先生逝世，在园内拜殿（今中山堂）停放灵柩，举行公祭。为纪念这位伟大的民主革命先驱，1928年中央公园改名为中山公园。

　　北京的历史是中国历史的缩影，建设城市公共空间也许是那时最重要、最明智之举。那时的北京市民对北京城的尊严有切身体会，即北京若仍保留封建帝国的首都旧格局，其城市空间结构及服务便不会有什么变化。然而内务总长朱启钤将这种变化实现了，他是北京城早期现代化的领导者与策划者、资金募集及投资者，是有眼光的设计者与组织者，更是善于与规划设计师配合的合作者（与留法归国的华南圭先生等人保持长期合作）。

　　在北京城建设公园是京都市政公所最先考虑的工作。早在1905年，清廷设立巡警部，朱启钤先后出任京师内城和外城巡警总厅厅丞，创办京师警察厅。那时警察统管交通、消防、卫生、社保、救济等事务。后北洋政府沿袭旧制，由中央代管首都工作。彼时北京人口激增，城市管理任务繁重，在朱启钤的推动下，于1914年6月成立京都市政公所，与京师警察厅一起负责北京的市政管理，内务总长朱启钤兼任督办。除改善北京交通及拓建天安门广场外，他特别考虑京城百姓休闲空间需要。在修建中央公园时，他多次出面与清廷交涉，

---

[1] 王建伟：《旧都新城——近代北京的社会变革与文化演进》，中国社会科学出版社，2022年。

将故宫文华殿、武英殿及新建的宝蕴楼辟为展室，陈列沈阳故宫和承德离宫的皇家珍宝，并将其命名为"古物陈列所"，这无疑是中国最早的"博物馆"。

城市需要公园乃是因为我们需要其所提供的一方文明"教养"与"自由"兼备的心灵世界与精神天地。20 世纪中国建筑五宗师之一的东南大学教授童寯在他的园林世界中强调，"中国园林并非如同西方园林那样是一种大众游乐场所，而是一种精致艺术的产物……"童寯强调公园"意在会心"，他也许讲到了公园的核心处。

今天，北京中轴线已从历史走向未来，在其壮美中，由社稷坛走来的中山公园赓续传承时代精神，一直以遗产的名义服务公众。在北京近代化的诸多研究中，不能不梳理中央公园的创建前史。

1939 年 10 月 9 日中山公园委员会委员合影 [右起：魏子丹　龚怡轩　吴扶青　王宜君　祝竺楼　关燕平　常朗斋　恽公孚　乐印孙　汤颇公　贺雪航　朱侠黎　吴甘侯　朱文极（朱启钤长孙　后立者）　朱桂辛（前坐者）　沈治丞　刘一峰　徐仲琳]

詹天佑　周秉清　伍錫河　沈承俊　沈琪　王黻煒　沈銘昌　姚國楨　張志潭　衛國垣　張繼垕　史履晉　潘復　林爾茂　張連第　崔呈璋　劉駒賢　王世澄　丁道津　王蔭泰　胡若愚　岳榮堃　婁裕熊　馬文盛　徐楨祥　李焜瀛　吳大業　王養怡　朱深　金寶文　趙石林　汪申　樂衍孫　董奏霱

馮國璋　賀頎　張新吾　王璟芳　袁齡　于寶軒　沈國鈞　畢桂芳　王寶義　談荔孫　劉文煜　蔣式理　鄭洪年　賀德鄰　陳毓棻　呂志琴　龔心銘　嚴鷗客　渠英　郭葆昌　齊耀堂　張恩鍠　邢士廉　王蘭　王章祜　鮑毓麟　王毓霖　劉彭翊　朱道炎　冷家驥　姚錕　余晉龢　孫瑞芳　楊允楫

徐華清　水鈞韶　熊希齡　陳國祥　孔昭焱　陳時利　金還　張名振　陳文運　區桐　王世仁　馮恕　殷鴻壽　吳延清　張肇達　吳瓊　趙繼賢　孟廣坫　夏仁虎　王瀠　殷錚　潘承業　錢澄　李書華　楊煥宸　沈崇勳　馬增祺　張廷諤　邢之廉　童閭　周明恩　蘇紹唐　祝瑞霖

傅潤璋　李思浩　袁祚廙　陳漢第　劉苕生　許寶蘅　樂繇　虞愚　梁汝成　王達　錢永銘　陳振南　王鑠基　李鼎　賀荇舫　曾慵　徐行恭　汪朝甲　陳興亞　周愷　朱邦獻　紹增　蔣泂同　李煜瀛　董文裕　惲寶惠　李玉纛　倪文翰　闞銓林　劉以鏞　魏厚榮　黃世泰　陳光遠

曾彝進　李鴻祥　傅增湘　田中玉　孫培　祝書元　龍學競　陸榮廷　沈循　喬保衡　汪有齡　李慶芳　胡慶培　王灝　卓定謀　張廣建　高朔　劉文嵩　任毓麟　周啟濂　王壽彭　劉哲　魏汝楓　蕭瑜　徐寶林　方石珊　倪紹忼　黃襄成　史亦儼　張伯駒　王雅芝　甯賡韶　潘毓桂

右中央公園記為　紫江朱桂辛先生所撰經
宛平孟玉雙先生手書勒石嵌諸廳事昭示來茲不意　孟公
於今秋遽歸道山回憶斯園之創設已及廿五周年董事題名
於此石者凡三百三十二人皆一時之彥而經營之勋且久也
惟　公始終於斯歲月不居老成彫謝撫此遺墨益增喬木故
人之感且題名序次閱時十四稔　孟公隨手增寫親自上石
行款鈞摹絲毫不爽尤見老輩治事精神之所寄永宜寶之以
為紀念爰誌數語藉存春明之故實云爾中華民國二十七年
八月杭縣吳承湜識

中央公园董事会董事题名拓片

壇制正方石堦三成陛各四級上成用五色
土隨方築之中埋社主壝垣甃以琉璃各如
其方之色四面開櫺星門門外北為祭殿又
北為拜殿西南建神庫神廚壇門四座西門
外為牲亭有清因之此寔我國數千年來特
重土地人民之表徵今於壇址務為保存俾
攷古者有所徵信焉環壇古柏井然森列大
都明初築壇時所樹今圍丈八尺者四株丈
五六尺者三株斯為最鉅丈四尺至盈丈者
百二十一株不盈丈者六百三株次之未及
五尺者二百四十餘株又已枯者百餘株圍
徑既殊年紀可度最鉅七柏皆在壇南相傳
為金元古剎所遺此外合抱槐榆雜生年淺
者尚不在列夫禁中嘉樹盤礴鬱積幾經鼎
革無所毀傷歷數百年吾人竟獲栖息其下
而一旦復覩明社之舊故國興亡益感懷於
喬木繼自今封殖之任不在部寺而在群眾
枯菀之間寔自治精神強弱所繫惟願邦人
君子愛護扶持勿俾後人有生意婆娑之歎
斯尤啟鈐所不能已於言者啟鈐於民國三
四年間長內部涖政餘暇與僚友經始斯園
園中庶事决於董事會公議凡百興作及經
常財用由董事蠲集不足則取給於遊資及
租息官署所補助者蓋鮮歲月駸駸已逾十
稔董事會諸君礱石以待謹述緣起及斯壇
故寔以諗將來後之覽者庶有可考鏡也
中華民國十四年十月十日　紫江朱啟鈐

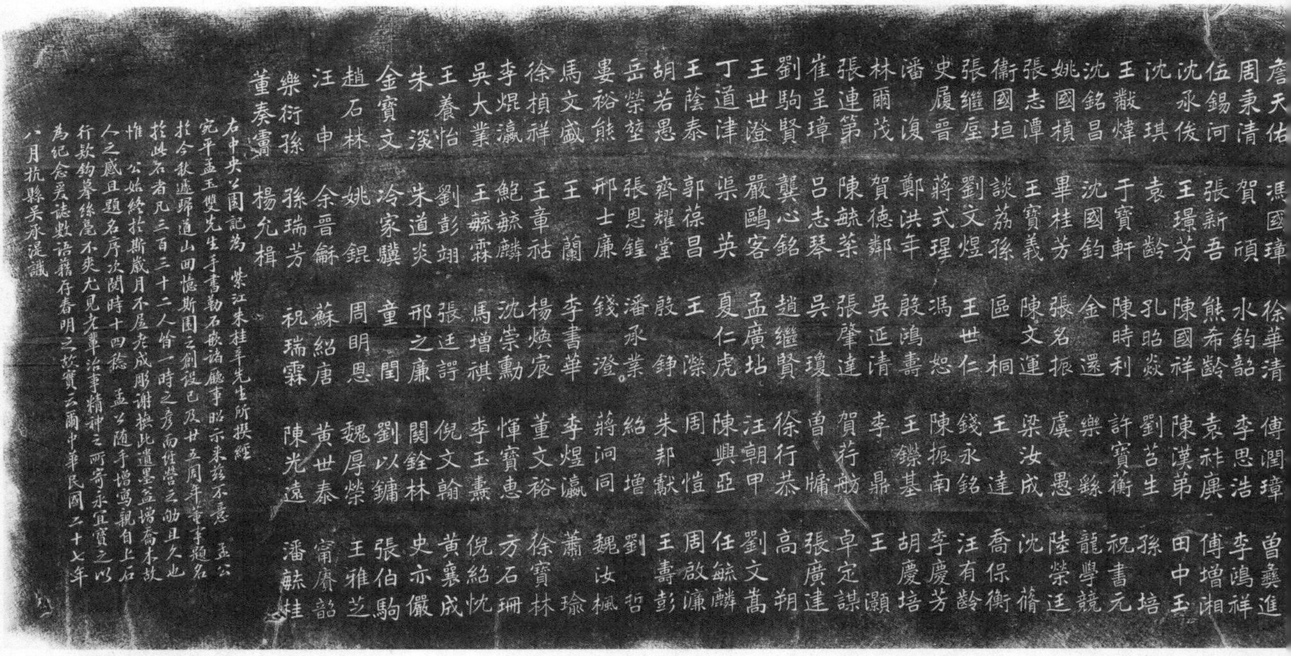

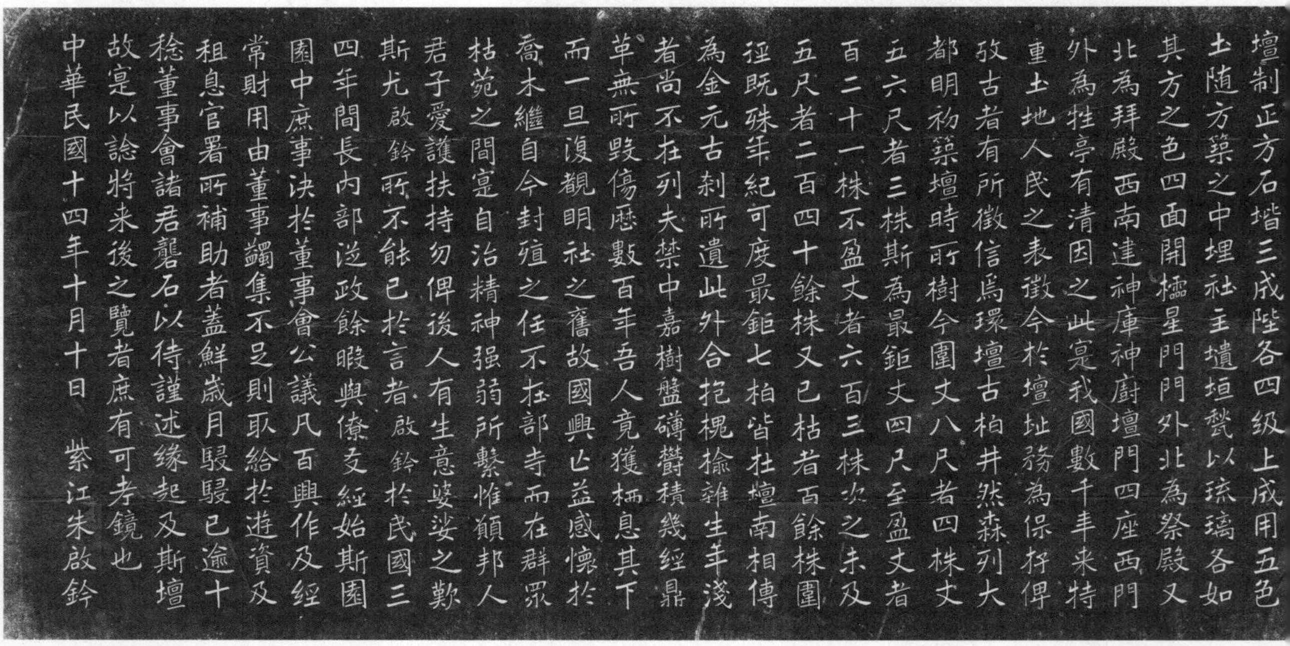

朱启钤《中央公园记》拓片

中央公園董事會董事題名

外交部　內務部　財政部　陸軍部　海軍部　司法部　交通部　農商部　大理院　鹽務署　稅務處　京師警察廳　河南巡按使署　京都市政公所　籌辦全國煤油礦事宜處　中興煤礦公司　中國銀行　交通銀行　京張鐵路局　新華銀行

朱啟鈐　交通銀行　河南巡按使署　京師警察廳　治安　湯化龍　林徽　施肇曾　陸徵祥　任鳳苞　段芝瑞　徐世昌　黎元洪　周自齊

張鎮芳　薩鎮冰　方仁元　沈雲沛　馮元鈞　張壽齡　張清齡　朱清鼎　陳鑾　田文烈　關國榮　龍觀光　歐陽惠　伍連德　李稷勳　張錫鑾　蔡儒楷　廖孫謀　蔡世濟　薛慎述　曾能基　宗能卿

金邦平　胡希林　鮑希漢　治化格　張福新　薩福楙　孫詒瑾　胡元倓　徐樹錚　徐世洪　黎洪　周自齊

江朝宗　孫寶琦　章宗祥　梁敦彥　雍自濤　王克敏　周自齊

李宣華　金萃祥　俞作民　周宗瀛　孟錫玨　張慶瑄　李慶康　趙宗瑄

張敦彥　劉守威　王克敏　雍自濤　程源深　陳式訓　劉作霖　李多義　梁元奇　朱元鎔　孫達祥　白啟年　張占元　王湛陽　柯鴻昌　吳鼎昌　李斯偉　李雲植　江紹光　黃維　顧金鈞　沈恭鑑　葉金榮　沈朝珍

程承世　吳承湜　董王麐　權源　程量衡　王炘　羅以增　馬耿光　富以珍　馮西林　陳景春　王景寬　袁乃寬　孫藜筠　蘇德芳　徐殿聯　倪嗣沖　李錫純　張慶瑄　李宗瑄　孟宣華　周伯湘

潘斯熾　張一麐　畢承綬　常耀奎　陸夢熊　蔣尊禕　蔡昌輔　施捷三　陳煥顒　孫孝麟　陳福昌　翟兆勳　黃耀隆　勞之常　王郅林　謝書熏　康唐　王揖英　許士湘　吳基楨　葉勳銘　劉伯龍　張蓮琪　徐寶威　張汝霖　陳在禮　曹汝霖　唐宦昌　陶湘　鄧德燊　楊德燊

何瑞章　王文蔚　華南圭　馮洪茂　王善銓　劉景山　鍾廣麟　李文光　關賡疇　柴俊麟　劉鴻壽　徐汪爵　伍蓮　雷震春　麟紹　張澓度　龍光　楊經岱　程笈邦　吳巨孫　郭卿　金　胡宗　鮑　治　湯

金邦年　許沐霖　呂鑄　陳炳崙

徐佛蘇　董元春　鄭咸榮　馬式雍

伍朝樞　程經世　吳承王　董王麐　權源

中央公園記

民國肇興與天下更始中央政府既於西苑
闢新華門為敷政布令之地兩闢三殿觀光
闢溢而皇城宅中宮牆障塞乃開通南北長
街南北池子為兩長衢禁籥除煙攘彌便
遂不得不亟營公園為都人士女遊息之所
社稷壇位於端門右側地望清華景物鉅麗
乃於民國三年十月十日開放為公園以經
營之事委諸董事會園規耶則於清嚴偹樂
不謬於風雅因地之中九衢交脈注縮轂四
園設園門於天安門之右綺交脈注縮轂
達架長橋於西北隅俯瞰太液直趨西華門
俾遊三殿及古物陳列所者跬步可達西拓
繚垣收織女橋御河於園內南流東注迤邐
以出皇城撤西南穢垣引渠為池累土為山
花塢水榭映帶左右有水木明瑟之勝更劃
端門外西廡朝房八楹略事修葺增建廳事
明館上林春一帶廊舍復達東西長廊以救
榜曰公園董事會為董事治事之所設行健
會於外壇東門內馳道之南為公共講習體
育之地移建禮部習禮亭與內壇門相值
其東連來今雨軒及投壺亭西建繪影樓春
暑雨遷圓明園舊遺蘭亭刻石及青雲片青
蓮朵搴芝繪月諸湖石分置於林間水次以
供眺賞其此歲市民所增築如公理戰勝坊
言言噴水池之屬更不遑枚舉矣北京自
明初改建皇城置社稷壇於闕右與太廟對

民国时期中央公园
南门

中山公园西门

中山公园东门

朱启钤与北京中山公园

1913 年朱启钤任代理国务总理时，顶着来自清朝遗老遗少及社会上的传统观念的压力，开辟了北京第一个市民广场——天安门广场。朱启钤又将明清两代的市民禁地皇家社稷坛成功改造为北京第一个市民公园——中央公园，由此掀起了波及全国的"公园开放运动"[1]。公园指的是普通公众可以前往消遣和娱乐的地方，这一概念纯粹是西方且近代的，公园概念正式引入中国是在 20 世纪初期，公园并非花园，它由公众拥有。公园既保有风景式园林的价值，也满足人们对运动休息场地扩展的需求。在康有为、梁启超等晚清启蒙者的眼中，公园与建设现代都市息息相关，更关系着"新民"公德之塑造，象征了一种现代的生活方式与城市文明。1900 年后，北京报刊就广为宣传"公园"概念，它既现代化，也对公民有文明开化之功效。北京公园的雏形始于庚子新政期，是将动物饲养在三贝子花园，即中国历史上第一家动物园——万牲园，它于 1907 年收门票向公众开放，从某种意义上讲，它是京城最早的公园，其开放是中华民国前公园运动之发轫，所以将万牲园视为即将出世的中国近代公园的先行者并不为过。

万牲园（农事试验场）的建立不只引进和推广了现代农业科技，其开放也为北京市民提供了丰富的公共空间体验，标志着传统园林向现代景观的转型。具体表现在：它从荒芜私园转变为近代动物园，农事试验场选址京师"首善之地"西直门外的乐善园、继园旧址，反映了皇室对农业发展的关切；公园的对外开放，将其功能从农业科研拓展到景观展览，满足了公众游观及学习新式农事的需求；农事试验场正门西侧博物馆建成后，不仅有助于科普知识的传播，也使农事试验场的教育设施建设得以展览。农事试验场的建立在一定意义上成为北京中央公园诞生前的重要节点，只是它局限于农事与动物的观赏。

1913 年春，朱启钤带人到社稷坛丈量场地，因当时皇家祭祀活动已不再举办，社稷坛一片荒凉。坛内古柏参天，环境清幽，但已成为

---

[1] 注："公园开放运动在中国近代才真正开始，民国初期，以中央公园为首的其他皇家园林也相继开放，公共园林逐渐成为主流，在此基础上，私家园林、寺庙宫观园林也逐步开放，西风东渐，昔日在皇权统治下的皇家园林纷纷向大众开放，实现了公园为大众服务的历史转变。"——王丹丹《北京城市公共园林的发展与"公园开放运动"》（《中国城市林业》，2018 年第 2 期，第 61 页）

民国初年荒废的社稷坛，选自《市政通告》（1914—1925）

1922 年内坛南侧

养牛、养羊的地方，朱启钤认为破败的社稷坛恰是改建为大众公园的
绝佳地。事实上早在 1905 年，天津《大公报》便刊发《北京京城宜
创造公园说》，1906 年出洋考察归来的戴鸿慈、端方等人曾奏请朝廷，
建言国家应创设图书馆、博物馆、公园等公共文化设施等，这无疑奠
定了社稷坛向中央公园转型的基础。在中央公园之前，北京并非没有
对公众开放的空间，如寺庙等，但寺庙空间很受限制，创造替代寺庙
游览功能的、新兴且"干净""正当"的公共休闲空间就十分迫切。

此外，由社稷坛向中央公园转型，不论是民俗观念转变还是空间形态转化，都非一日之功。朱启钤于1914年京都市政公所成立时便做了大量铺垫工作，将《市政通告》作为创设公园最重要的思想阵地，其上发表大量文章为建立公园摇旗呐喊：于第22辑设"公园论"专辑，介绍外国城市公园，译介日本等国公园理论，发表社论社评及相关公告等。

在1914年11月的《市政通告》中，有《社稷坛公园预备之过去与未来》一文，文中写道："人与人相聚而成家，家与家相聚而成市……无论士农工商都离不开劳心劳力两途……每一市村，大小必有一两处公园，为休息的定所，以此来活泼精神、操练身体。我们中国人，从前不得这个诀窍，把'藏休息游'四个字，丢在一边。及到较起真儿来，虽然没有一天不做正事，实在没有一天

1914年《市政通告》第一期

1941年《市政通告》中《论公园与市民之关系》一文

真作正事。没有一处敢寻那正大光明的娱乐，实在没有一处不寻那有损无益的娱乐……"这篇文章开宗明义，苦口婆心地告诉公众，建设公园是政府为推动公众改变生活方式及提升生活品质的举措，核心要义不仅是要创立公众对城市的认同感，也说明政府要担负起保护人民身心健康的责任，同时对于应走向现代化的古都北京而言，公园是近现代城市之标志，没有公园是一个重大的缺失。在朱启钤领导的市政公所的大规模宣传下，由建筑师们拟好了可行性建设方案，最终选定在位于北京城中心的社稷坛这块风水宝地来建设中国第一座公园。

1914 年 10 月 10 日，由朱启钤首倡、组织建设且艰难营建的中央公园向公众开放，为这开天辟地的事，他本人也在《申报》载文《朱总长请开放京畿名胜》《中央公园建置记》等，表明当时北京新官僚派心中有近代化思想的公园理念。中央公园是在京都市政公所监管之下的北京第一个近代公园，当时有评论者说："凡昔日帝后游兴场所，今成为市民宴乐之地。"要知道仅凭市政公所一方的热情是根本无力为中央公园提供建设资金的，北洋政府也表示因财政紧张而拒绝提供资金。朱启钤向社会各界发起募捐，各界要员慷慨解囊。不到 6 个月，便筹集到 4 万余元，使中央公园建设步入正轨。从下表可见，徐世昌、黎元洪、朱启钤等是个人捐款最多的。1915 年 6 月，市政公所成立了"中央公园董事会"。按章程，北京市民每年只要捐赠 50 元大洋便可成为中央公园董事会成员，市民纷纷响应，

为中央公园捐款报告	
捐款 1000 元以上个人：	徐世昌 1500　张勋 1500　雍涛 1500　黎元洪 1000　朱启钤 1000 等
捐款 1000 元以上机构：	陆军部 1000　海军部 1000　内务部 1000　财政部 1000　交通部 1000　中国银行 1000　交通银行 1000　外交部 1000

中央公园营建时参与捐款 1000 元以上的个人与机构

在中山公园的价值挖掘与认知中，其历史文化资源不能忽视。它之所以是北京城市文化生活走向近代化的重要标识之一，是因为在公园中举办过多种类型、多种场次、多种规模的文化展览，其展览空间的独特性与标志性得到了公众及知识界认可。来中山公园举办展览及活动，是高雅文化的象征。

1930 年 12 月初，《大公报·文学副刊》连载了一篇名为《圆明园罹劫七十年纪念述闻》的文章。文章意味深长，国内读者无不为之动容。这一篇文章，乃圆明园罹劫以来第一篇在国内公共媒体上公开发表的纪念文章，可谓圆明园罹劫以来从学术史角度向国人号召纪念与追思的先声，实令当时的读者颇有"石破天惊"之感触。紧接着在1931 年，中国营造学社组织的"圆明园遗物与文献"展览在北京中山公园举行，这是近代北京举办的最早的建筑展之一。继之而来的还有 1933 年编印发行的《国立北平图书馆馆刊·圆明园专号》。

北京市公共卫生演讲会

北平市新生活运动促进大会

"五三"漫画展览会

中山公园内画展

1931 年北平中山公园之圆明园遗物展览会

《圆明园遗物展览》报道，原载上海《申报》

1938 年 3 月 28 日以后的社稷坛祭坛

　　社稷祭坛位于中山堂南面，是祭祀典礼的核心。祭台根据古代"东方苍龙、西方白虎、南方朱雀、北方玄武"及"中央黄"的说法铺垫五色土——东为青色土、西为白色土、南为赤色土、北为黑色土、中间是黄色土，借此喻"普天之下，莫非王土"。

　　社稷祭坛以北，坐落着建于明永乐十八年（1420）的社稷坛拜殿（中山堂），它曾是明清两代皇帝祭祀社神稷神时，遇风雨时行礼的场所，1925 年作为孙中山先生的停灵处。拜殿是一座高大雄伟的木构建筑，殿宽五间，进深三间，总建筑面积 950 平方米。它铺设黄琉璃瓦屋面，歇山顶式，殿身梁架采用全部露明的"彻上明造"，殿内饰以金龙合玺彩绘。作为社稷坛中轴线上规模最大的建筑，它保存完好，大柱体结构仍保存明代建筑风格，600 多年来没有被损毁和重建的记载。1925 年 3 月 12 日，孙中山于北京逝世，曾在此停灵并举行公祭仪式。1928 年，当时的国民政府选定在此纪念孙中山并设立永久纪念场所，并将此殿改名为中山堂。

1925 年孙中山公祭时的南门

中山公园内通向社稷祭坛的林荫道（上图）及中山公园南坛门（下图）

中山堂匾额

中山堂

北京市政协文史馆

1938 年至 1945 年的"新民堂"（中山堂）

1938 年至 1945 年的"新民堂"内景

北平沦陷后，1938 年 3 月伪北京市公署强行将中山堂改名为"新民堂"。1945 年抗战胜利后，国民政府又将大殿恢复为"中山堂"。2002 年 11 月 12 日是伟大的近代民主革命先行者孙中山先生诞辰 136 周年纪念日，中山公园中山堂（拜殿）经整修后对外开放。

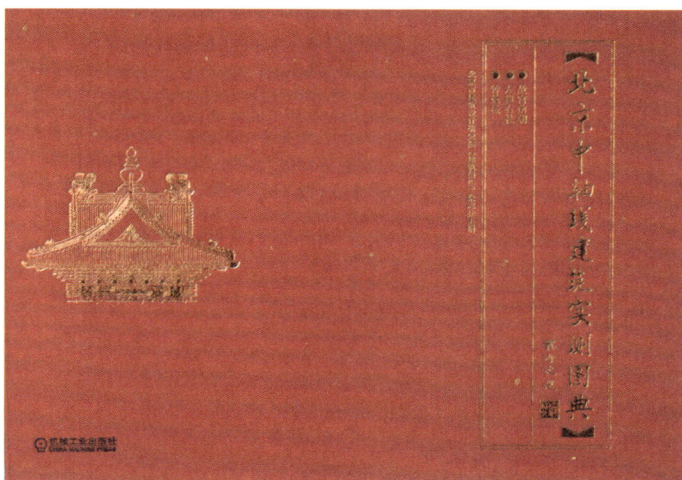

《北京中轴线建筑实测图
典》（2005 年为纪念故宫
博物院成立 80 周年，按照
张镈大师留存的玻璃底板
出版）

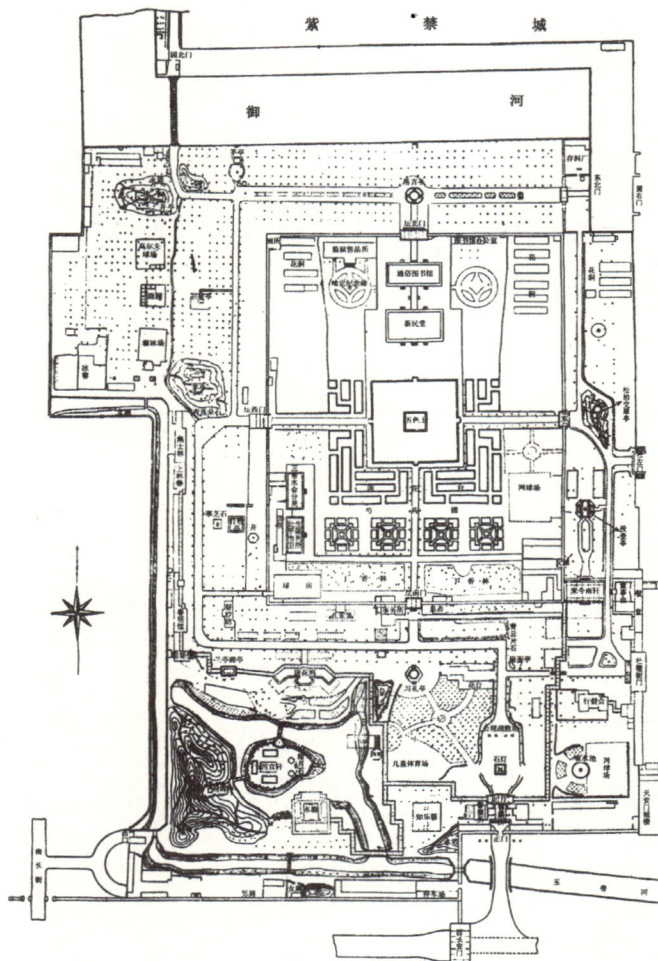

1936 年的社稷坛总平面图

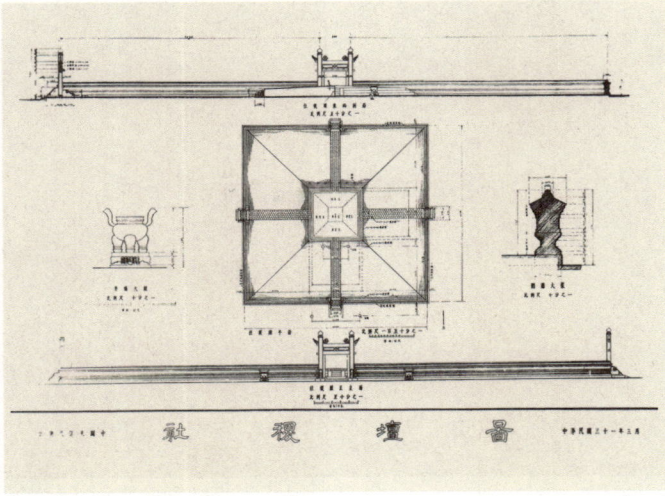

社稷坛图

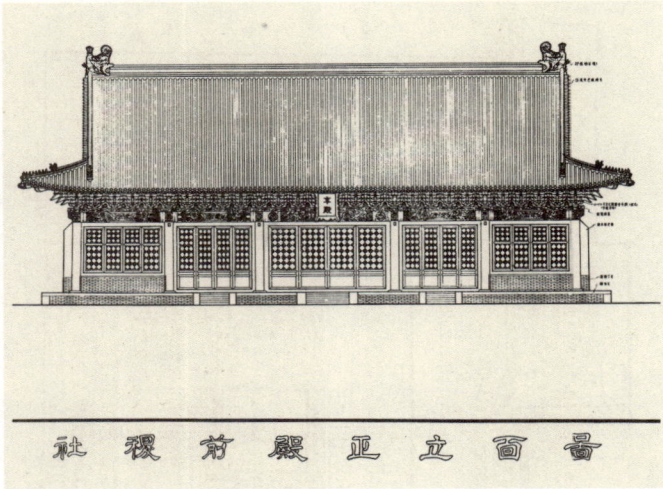

社稷前殿正立面图

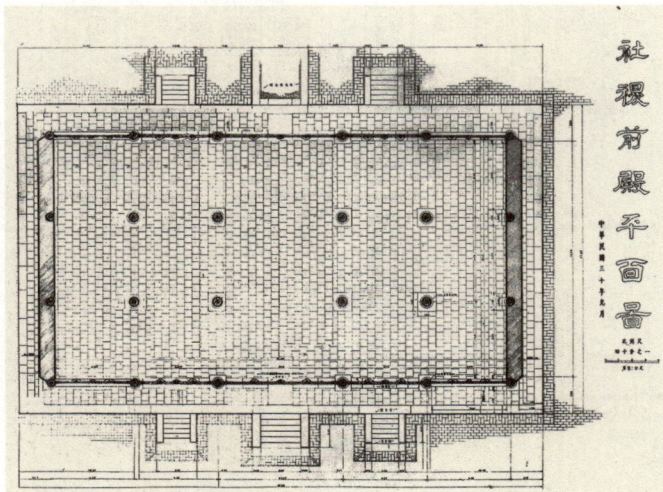

社稷前殿平面图

社稷坛现状 1

社稷坛现状 2

"来今雨轩" 故事多

无疑，中央公园之精神气象，使 1919 年后的古都北京在一定意义上融入世界，有了近现代的国际视野，有了"风景"与"风云"。这便不得不提 1915 年建成的茶社"来今雨轩"。来今雨轩由朱启钤创意建立，初建时徐世昌大总统为其题字，受到政界要人如此重视，"来今雨轩"影响得以扩大。来今雨轩陪伴中山公园 110 年，受到了越来越多的关注。

当年，来今雨轩是中山公园春明馆、长美轩、上林春、四益轩、柏思馨等茶社中最著名的。已故学者邓云乡（1924—1999）在《来今雨轩》中写道："来此的茶客可以说是北京当年最阔气的茶客。外国人有各使馆的公使、参赞、洋行经理、博士、教授，中国人有各部总

1926 年以前，来今雨轩初建成时

1926 年后，来今雨轩加装罩棚

现来今雨轩外景

现来今雨轩柱廊

古柏林间的茶座

藤萝间的茶座

长、次长、银行行长、大学教授……大概当年北京的一等名流，很少有哪一位没在来今雨轩坐过茶座吧……主要是它家的文化层次高、气氛浓。"这里无疑是新旧共生的中山公园的"名流据点"。

历史学家谢兴尧（1906—2006）在《中山公园的茶座》中说："世界上最好的地方，是北平，北平顶好的地方是公园，公园中最舒适的是茶座。"名人相聚离不开三件事：写作、会友、尝鲜。历史记载鲁迅译成《小约翰》，张恨水完成《啼笑因缘》，京派文人创办《大公报》副刊、《语丝》杂志等，来今雨轩都是智慧聚点，同时京城乃至全国重大历史事件在此都留下了"注脚"。

梁思成、林徽因设计的副刊《小公园》刊头

来今雨轩其名称取自杜甫《秋述》"……旧雨来，今雨不来"，意喻新旧朋友来此欢聚。作家肖复兴曾撰文《来今雨轩》，还留下两幅"来今雨轩"的速写，在他笔下喜欢到此的文化名人有柳亚子、鲁迅、陈寅恪、沈从文、叶圣陶、周作人、张恨水、林徽因等，还有一批画家。肖复兴也温情地写下他及他们家对此处的情感。中山公园是以与新式文化精英相簇生的"新青年"为主导的空间，来今雨轩的"聚餐会"颇具文化旨趣与知识分子文化沙龙意义，主要参加者还有胡适、徐志摩、林长民、梁思成、林徽因、陈西滢、凌叔华、黄子美、张歆海、王庚、陆小曼等，后来林语堂、周作人、郁达夫等也参加，来今雨轩简直成为北京知识分子精神凝聚之地，其文化影响及号召力不断辐射全国。

来今雨轩屋架现状

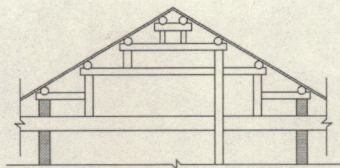
来今雨轩次间带后金柱抬梁式屋架示意

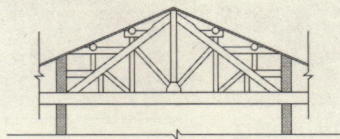
来今雨轩明间西式三角屋架示意

来今雨轩不同样式屋架示意图

来今雨轩不愧为历经百年风雨依然坚持民国风范的"老字号"。它乃 20 世纪上半叶北京集茶社与饭庄为一体的著名宴请地,至今其建筑与装饰风采不减:黑筒瓦歇山顶卷棚屋面,红砖墙壁、廊柱,室内有护墙板,建筑面积549 平方米,茶舍内部装修和布置都保持着民国风格,老榆木的旧式茶桌板凳、乌木地板和楼梯、百年前进口的八瓣梅花图案的花砖,让人仿佛穿越到那个时代。在此品茶、吃点心,仿佛鲁迅先生就在面前,传承与创新的"故事"在此不断传扬。肖复兴《来今雨轩》文章中特别讲到"回忆来今雨轩,不只冬菜包子"。他说,"京城今昔,再没有一个能吸引如此众多的文化人的雅集之地了"。崔岱远从小在中山公园玩,作为擅长用地道北京话讲述老北京生活的作家,他将作品《京范儿》的读书会特意安排在来今雨轩。对于来今雨轩的温情,他解读道,最难风雨故人来,这儿的茶壶流淌着半部民国文化史,这儿的茶水滋润过北京的文脉,这间朴雅的茶室不止一次影响了中国的命运。

来今雨轩数不尽的文化盛事还有:陈师曾、张大千等大师在此办过画展;梁启超在此宴请过哲学大家罗素,畅谈何以救中国……据《鲁迅日记》记载,来今雨轩刚开业他就是座上客,在北京 14 年间,他来中山公园 80 多次,造访来今雨轩有 60 次,难怪如今的来今雨轩门前有鲁迅为冬菜包子做的"代言"及明信片。他的学生、作家许钦文曾专门写了《来今雨轩》一文,文章记录某年某月,两人在来今雨轩见面,鲁迅点了一盘冬菜包子,自己只吃了一个,便将包子推给他,说:"'这里的包子'可以吃;我一个就够了。钦文,这些就由你

1921年1月4日，文学研究会成立时成员在来今雨轩茶社前合影

包办吃完罢！"

　　作为北京近代化的文化圣地，它于2021年3月被北京市委宣传部确立为31处中国共产党早期北京革命活动旧址之一。1919年7月少年中国学会在此成立，王光祈、李大钊、周恩来、邓中夏、高君宇等多次来此参加聚会，阐明政治主张。1921年由周作人、叶绍钧、郑振铎、沈雁冰、王统照等人在此成立的文学研究会乃中国新文化运动中最早且贡献最大的文学社团。

朱启钤于中央公园

中山公园（套色本刻，民国绘制）

20世纪建筑遗产的经典

按照《中国20世纪建筑遗产认定标准》（2021年修订），北京中山公园被推介为第七批中国20世纪建筑遗产项目，是因为它符合标准中1、2、4、6四条条款：

1. 在近现代中国城市建设史上有重要地位，是重大历史事件的见证，是体现中国城市精神的代表性作品。

2. 能反映近现代中国历史且与重要事件相对应的建筑遗迹、红色经典、纪念建筑等，是城市空间历史性文化景观的记忆载体。同时，也要重视改革开放时期的历史见证作品，以体现建筑遗产的当代性。

4. 对城市规划与景观设计诸方面产生过重大影响，是技术进步与设计精湛的代表作，具有建筑类型、建筑样式、建筑材料、建筑环境、建筑人文乃至施工工艺等方面的特色及研究价值的建筑物或构筑物。

6. 中国著名建筑师的代表性作品、国外著名建筑师在华的代表性作品，包括20世纪建筑设计思想与方法在中国的创作实践的杰作，或有异国建筑风格特点的优秀项目。

《20世纪建筑遗产导读》一书中专有《漫谈20世纪中国园林的文化走向》一文[1]，对入选第七批中国20世纪建筑遗产项目的中山公园，至少从社会、科技、文化价值三方面归纳了它能入选的理由：

其一，在社会文化需求上，它是让公众可以自由出入的大众乐园；其二，在人与自然关系上，它成为城市中心净化环境之城市绿肺；其三，在文化艺术品质上，它成为建筑与园林兼得的城市文化地标。

---

[1] 殷力欣：《漫谈20世纪中国园林的文化走向》，载于《20世纪建筑遗产导读》，五洲出版社，2023年。

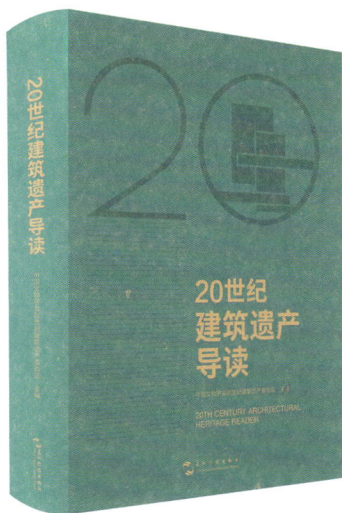

《20 世纪建筑遗产导读》

《中山纪念建筑》封面

　　此外，从城市更新与古都北京现代化进程看，中山公园由旧时皇家禁地改造为市民文化生活场所的成功尝试，即先破墙开门，增设为公众服务的花房，以及后来兴建大众音乐堂等，都是理念跃升、科技文化进步的标志，它是近代中国园林技术现代化的标志性案例。但中山公园为什么没同社稷坛一并列入北京中轴线遗产？相信随着对世界文化遗产评定标准的进一步认知与理解，我们期待北京中山公园成为《世界遗产名录》中社稷坛的拓展项目。联想到世界遗产北京中轴线的构成要素之一的"天安门广场及建筑群"，它早已以时代性成为 20 世纪建筑遗产。从时代变迁看，由皇家殿宇到公众空间是场变革，是古都北京在空间设计上的一场革命。从 1914 年至 1924 年的十年间，北京几乎所有的前皇家园林和庙宇都向公众开放了，这是现代"公园"概念的贡献，也是公众自觉参与城市现代化的进步表现。从此种意义上讲，中山公园进入 20 世纪建筑遗产名录是理所应当的。进一步说，与之相关的世界遗产保护区内的中山公园建筑与景观，依其建筑之等级与百年建筑的历史乃至价值，从科技、文化及历史诸方面来说都应被列入世界遗产的拓展名录中。

园区的规划与建筑

如果从 1914 年 3 月，北洋政府内务总长朱启钤在《修改京师前三门城垣工程呈》中提及要将社稷坛改为公园的建议和计划算起，中山公园已见证了 110 年历史的变迁。在富有迷人魅力的现代园林与建筑中，传统与现代建筑得到保护，园林绿植与名木古树健康生长，中山公园已经形成亦建筑、亦园林的一派盛景。

2024 年 7 月，在天津大学举办的第 18 次中国近现代建筑史学术年会上，北京建筑大学陈雳教授及其研究生发表了《近代北京中山公园建设及价值探析》一文，对中山公园的规划设计做了归纳，提升了

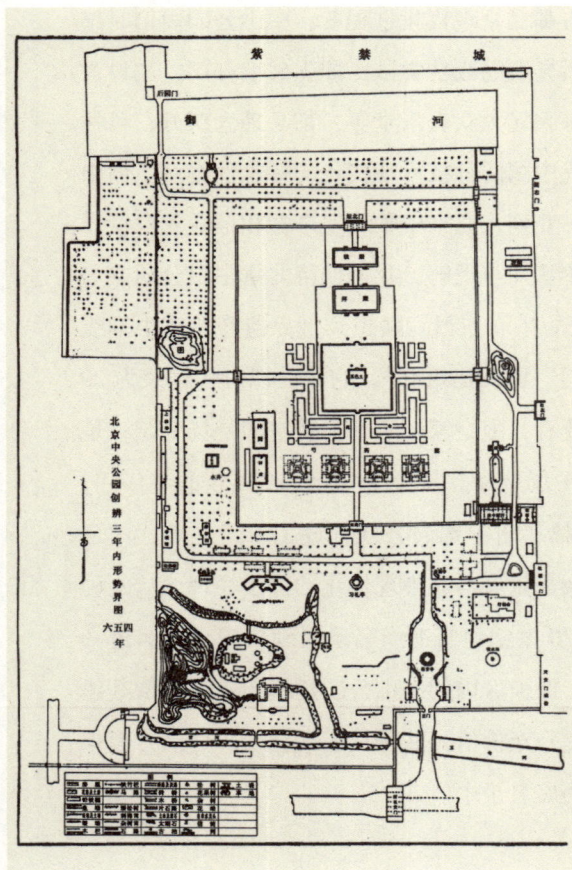

1917 年中央公园平面图

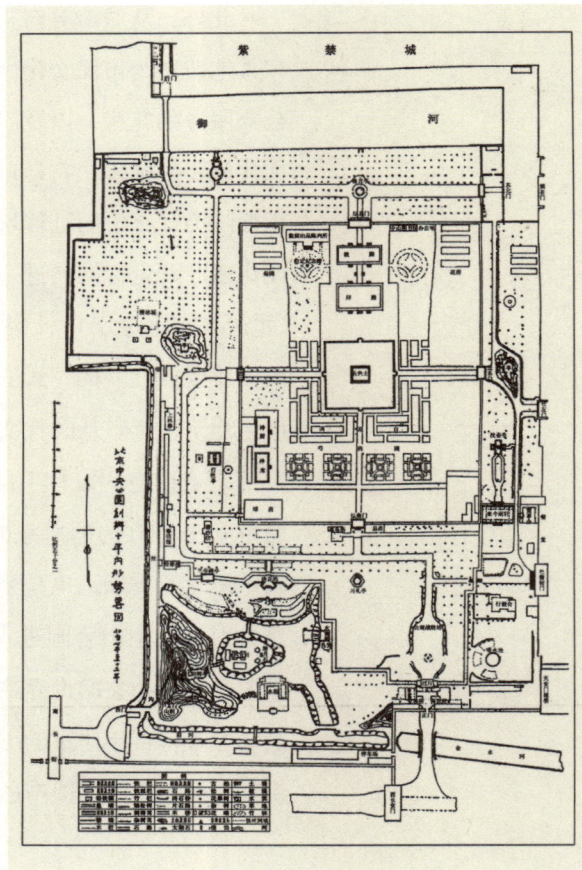

1924 年中央公园平面图

其历史遗产与现代文明的价值。依据此研究可归纳中山公园在规划设计上的特点及规律。

1. 规划思想与空间布局

首创"依坛造景"规划原则：公园以内坛墙为界，形成近似"回"字型的内外两重空间。内坛保持原社稷坛格局不变，外坛挖池堆山、布置景观。

历年兴建力求"岁新月异"：在奠定大致格局之后，随功能和时代的发展需要，公园经历年兴建和修葺，令一般游人有月异而岁不同之感。

"保护思想"贯穿规划全程：古物维护，旧物利用；古物移建，因古开新。

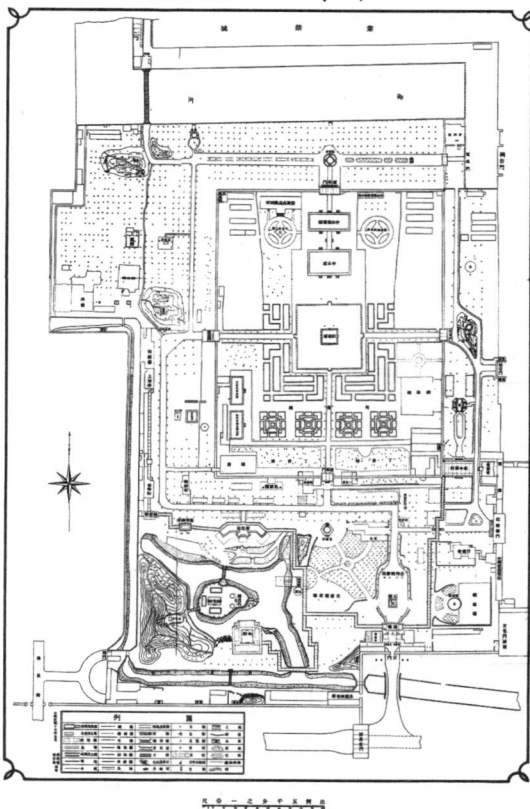

1928 年中山公园平面图

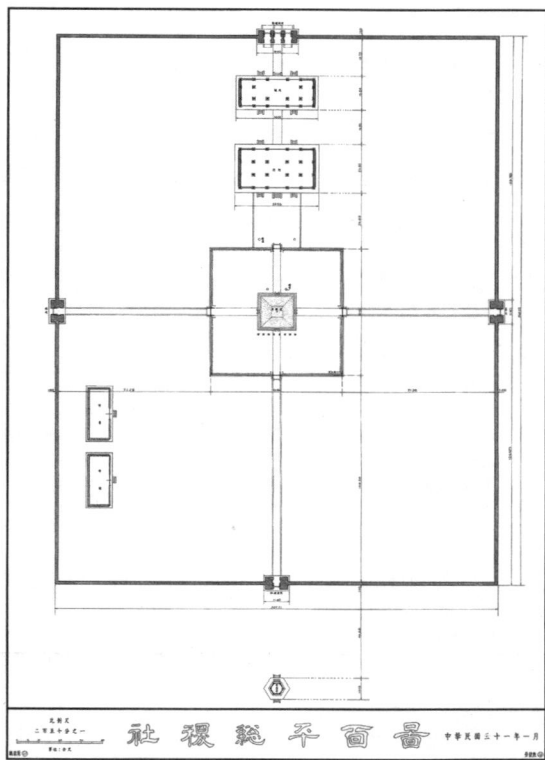

1942 年绘制的社稷总平面图

- **01. 首创"依坛造景"规划原则**
  - 公园以内坛墙为界，形成近似"回"字型的内外两重空间。内坛保持原社稷坛格局不变，外坛挖池堆山、布置景观；
- **02. 历年兴建力求"岁新月异"**
  - 在奠定大致格局之后，随功能和时代的发展需要，公园经历年兴建和修葺，令一般游人有月异而岁不同之感。
- **03. "保护思想"贯穿规划全程**
  - 古物维护，旧物利用；
  - 古物移建，因古开新。

● 北京中山公园整体规划布局

中山公园规划思想与空间布局 1

- ◆ **北洋政府时期的建设发展**
    （1912—1928）
  - ◆ 建设力度大
  - ◆ 基本奠定公园的大致格局
- ◆ **国民政府时期的建设发展**
    （1928—1949）
  - ◆ 建设规模小
  - ◆ 未因战争受到重创

● 社稷坛平面图（1912年）　● 中山公园平面图（1939年）

中山公园规划思想与空间布局 2

　　园内新建的近代建筑规模不大，以简单的几何形状为主，且与建筑的规模、功能相适应。1949 年后，中山公园建设不断得到发展。如果说公园初建时，先后开辟园门、道路，增建亭台楼榭，布假山名石，挖塘栽荷植树，使一个荒凉的皇家社稷坛，变身为一个坛园结合、有中国传统风格及现代西方样式的综合性公园，那么，中华人民共和国成立到 1953 年北京第一次总体规划编制后，中山公园又步入

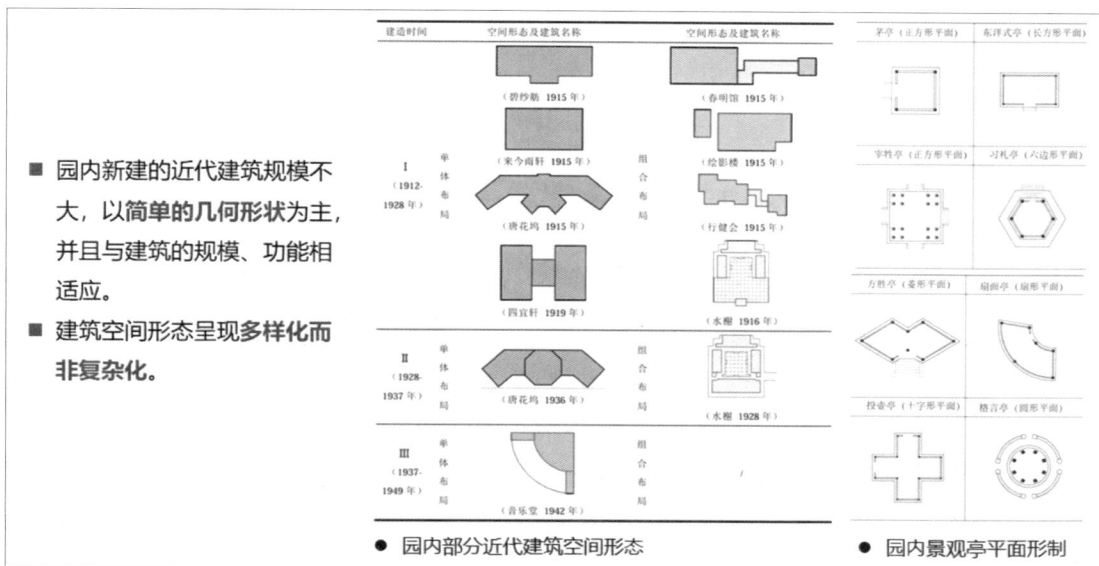

- 园内新建的近代建筑规模不大，以简单的几何形状为主，并且与建筑的规模、功能相适应。
- 建筑空间形态呈现多样化而非复杂化。

● 园内部分近代建筑空间形态   ● 园内景观亭平面形制

中山公园规划思想与空间布局 3

了发展的快车道。在最大限度保护社稷坛原貌的前提下，开展了景点景区建设，如重建兰亭八柱亭、长廊。兰亭碑石是圆明园四十景之一"坐石临流"的一个旧物，后移至中央公园。1971 年政府将在"社左门"内存放了 30 年之久的珍贵文物"兰亭八柱"整理出来，与石碑一起重建兰亭八柱碑亭，新建碑亭位于唐花坞以西，连接长廊的西端。1988 年在与愉园相对的另一处公园育花场所兴建"蕙芳园"，后成为全国"三北地区"最大兰花圃，景区设计突出了中国园林景观的民族性。

1917 年，兰亭碑亭

民国时期东部靠近行健会及来今雨轩的长廊

八柱碑亭（兰亭碑亭）

八柱碑亭内部

八柱碑亭藻井

民国时期西部蜿蜒曲折的长廊

长廊 1

长廊 2

长廊 3

长廊雪景

蕙芳园什锦漏窗

蕙芳园匾额

蕙芳园

蕙芳园内长期举办兰花展

　　从中山公园的自然遗产看，中山公园 612 株古树名木中，尤以社
稷坛南坛门外的 7 株古侧柏最为珍贵，它们是辽代兴国寺的历史见证
者，是距今已有一千多岁的辽柏群"老人"。

　　1989 年，中华人民共和国成立 40 周年之际，北京市政府在公园
内举办游园会，自 1996 年至今，公园坚持常年举办郁金香、兰花、
杜鹃、菊花展及各类群众性游园及宣传活动等，中山公园的空间格局
使其在承载深厚历史文化的同时为中山公园本身及北京中轴线披上了
发展的夺目光辉。

1929 年南大门内石坊以西之足球场改建为花圃

蔷薇廊（20 世纪 90 年代）

1928 年至 1938 年，南坛门外古柏

民国时期社稷街门前古槐树

槐柏合抱

2. 园内主要建筑分类

中山公园力求建成一座"首善之园林",以满足"百姓游憩之需",所以其建筑与小品集运动场、游艺场、公共广场为一体,有园亭、园桥、纪念碑等,建筑类型丰富。

中山公园近代建筑类型丰富。商业建筑包括来今雨轩、西部商房、绘影楼等,展陈建筑包括唐花坞、水榭、四宜轩等,文教建筑包括中山音乐堂、行健会、室外活动场地等,景观亭包括松柏交翠亭、投壶亭、格言亭等,其他景观小品包括桥、纪念物、廊……商业建筑是公园最近代化、最具公共性的标志之一,商业空间集中在前三门、琉璃厂等特定区域;茶座是在老北京茶馆基础上的延续与改进;照相馆作为舶来之物首次出现在民国时期的近代公园里。

1915 年在公园后河(紫禁城外筒子河)西部建木桥一座

1917 年 6 月,北京大学中国哲学门第一届毕业班在中央公园松柏交翠亭前合影

松柏交翠亭

水榭 1

水榭 2

民国时期雪后的水榭
及西北侧的四宜轩

水榭廊桥

宰牲亭

民国时期旱冰场售票处

民国时期在体育场中运动、游戏的儿童

据史料，1920年，有京兆尹公署同事，申请在西坛门外鹿囿以南空地处，自建陆地溜冰场和柜房6间经营"溜冰"业务。至1923年，溜冰场因营业不振被公园收回，改由柏斯馨咖啡馆承租继续经营旱冰业务，直至1936年冬因生意萧条停业。1929年南门内以西足球场被废除后，在空地的西南端，依长廊以北修建了儿童免费的游戏、运动场所。

展览大都借用公园场地自筹自办，合院形制的水榭、传统民居形制的四宜轩在民国时期是公园内重要的艺术展览之所，园内展览形式多样、可达性强、办展条件优良，是民国时期乃至中华人民共和国成立初期北京重要的艺术推广场所。唐花坞模仿西方温室建造，其建设过程是北京近代建筑技术发展的见证；政府为启迪民智、培养民德，在园内建设大量文教建筑空间；在内坛开设卫生陈列所，建图书阅览所等教育建筑以达到促进民众强身健体、提升文化素养的目的，园内的体育设施多样，室内外体育场所兼具，还有为儿童专设的活动场地。

北京中山公园有令人印象深刻的保卫和平坊及孙中山先生雕像，保卫和平坊最初为庚子国变时期被打死在西布总胡同与东单北大街交汇处的德国驻华公使克林德而建。到第一次世界大战结束后的第二年，代表"国耻"的克林德碑被拆除，部分石料移至中央公园，战后协约国的宣传口号是"公理战胜，强权失败"，该坊被更名为"公理战胜坊"。1952年，在北京召开亚洲太平洋区域和平会议，为纪念大

1928 年至 1938 年的公理战胜坊（现保卫和平坊）正面

保卫和平坊

会召开，"公理战胜坊"改名为"保卫和平坊"。经保卫和平坊向北即可瞻仰孙中山先生的塑像，它是 1986 年为纪念中国民主革命的先行者孙中山先生诞辰 120 周年所立。

中山公园内共有景观亭 14 座，分布在公园的各处，形制多样，以中国传统景观亭形式为主，除了本身的休憩、观赏、游览功能外，亭还具备陈列展览、游戏、商业等新功能。中山公园内的亭子颇具特色，如民国时期所建的格言亭，1915 年时任总统府咨议的雍剑秋捐资修建了一座西式圆形八柱亭，在八方亭柱的内侧面，各镌刻先贤格言一则，为此称格言亭。当时准备建造四座这样的格言亭，结果只建成了东单路口与中央公园的两座，1918 年为安放公理战胜石坊，初建于中山公园南门内的格言亭就移建至现在的北坛门外位置。

1915 年至 1918 年初建于南门内的格言亭

1925 年后的格言亭西向东望

格言亭

格言亭内景

北京中山公园御河及紫禁城角楼

大鸟笼、水禽笼

　　亭台楼阁是中华传统建筑形式，在中山公园尤不可缺。亭不但是园林风景的重要景点，在漫长的历史中也见证了佳话与轶事。如从圆明园移来的兰亭碑，迁入社稷坛后与兰亭八柱石碑一并被加以保护，恰如朱启钤《中央公园记》所述"迁圆明园所遗兰亭刻石及青云片、青莲朵、搴芝、绘月诸湖石，分置于林间水次，以供玩赏"。社稷坛内的习礼亭也有来历，它建于明永乐十八年（1420），原在正阳门内鸿胪寺内，八国联军入侵北京纵火烧鸿胪寺时，此亭幸免，1915年迁入中央公园。习礼亭顾名思义是学习礼仪之地，凡初次进京的文武官吏、少数民族首领乃至各国贡使，在朝觐皇帝前都应到此学习礼仪后方可入宫。

　　园中蕙芳园内有藤萝亭。来今雨轩南有四柱凉亭。茅草亭在五色土西的小土山上，亭为方形，茅草顶，用旧檩、椽子、木枋建成，因年久糟朽于1948年倒塌，1954年重建，1956年将茅草亭顶改为石板顶。1915 年中央公园初创阶段，在东坛门以南，现来今雨轩之北，建投壶亭。投壶，源于我国先秦时期，是中国古代士大夫宴饮时的一种投掷游戏，也是中国传统礼仪，投壶是射礼的演变和延续。投壶亭建筑风格别致，从高空看去，呈十字形，又称"十字亭"，亭子周边柏木苍苍，2024 年 6 月中山公园还举办"投壶体验知礼仪"活动，向公众展示中山公园独有的投壶亭和收藏的明清投壶文物等。

为了让游人四季都能观赏花卉，中央公园于 1915 年建造唐花坞。唐花坞是可贮放由暖房培育的花卉的建筑物，是京城在民国时期的"温室"，"唐花"就是在暖房培育的花，也叫"堂花"；"坞"是指水边的建筑。1936 年，唐花坞在原址重建，重建后的唐花坞为钢筋混凝土结构，孔雀绿琉璃瓦檐，盝顶，平面为燕翅形，中间为重檐八方亭状，整体建筑遵循 1915 年初建时的古朴、庄重、典雅样式，使之成为造访中山公园赏花的"打卡地"。

1926 年后的投壶亭

投壶亭

唐花坞外景 1

1915 年至 1935 年时期的唐花坞近景

唐花坞外景 2

　　中山公园音乐堂是北京市重要的文化地标，不仅承载着北京城的记忆，更诉说着中山公园的文化史与事件史。1942年太平洋战争爆发后，日本帝国主义在中国强化精神统治，其特务组织北京新民会开展一个歌曲征集活动，需要一个演出场所，最终选择在中山公园建一座可容纳5000人的简易露天剧场，这无疑是对社稷坛风貌的破坏，有人讲它是中山公园的不和谐建筑。1942—1955年，音乐堂完全露天，只有舞台及后台两部分，舞台上面有人字形顶，后台则是日本式平房建筑，观众厅呈阶梯状，从第一排到最后一排水平高差有3米，剧场外是铁丝篱笆。1949年音乐堂被接管时还保有初建模样，但已经破败不堪，因为是露天剧场，基本上是"半年闲""雨来散"。1952年曾修缮但保存原貌。1957年修缮，但观众席还是露天。在人民大会堂还没建成的年代，全国和北京市很多高层次的政治文化活动都选在音乐堂举行。1983年音乐堂经改建最终变成了封闭式剧场，1999年中山公园音乐堂被翻建为现代化建筑。作为一个坐落于紫禁城皇家园林中的演出场所，音乐堂经历了数次改建，数次维修，座位数从5000、3000精减到现在的1419个，从露天、半露天，演变为全封闭的专业古典乐演出剧场。2024年是音乐堂重装25周年，在这座建筑面积11800平方米的现代剧场中，古朴遗风与现代气质融合，优越的地理位置及独特的人文环境映衬着音乐堂的魅力，这座跻身国内一流的音乐演出场所，不仅是高雅的艺术殿堂，还是全国音乐爱好者的中心，是北京中轴线上名副其实的文化叙事佳地。

唐花坞外景 3

唐花坞内景 1

唐花坞内景 2

唐花坞内景 3

中山公园音乐堂外景

中山公园音乐堂局部

中山公园音乐堂前厅

中山公园音乐堂舞台

中山公园音乐堂观众席

3. 园内中西建筑融合

中山公园当前仅有唐花坞、来今雨轩、四宜轩、水榭等十几处近代建筑被保存下来，且部分建筑出现残损，所承载的历史信息大打折扣，保存方面存在一些问题，需要按真实性原则、完整性原则、可持续性原则对其进行保护利用。

园内以中国传统建筑风格的建筑居多，全西式建筑风格的建筑仅有 5 处，体量也相对较小，但品质很高。公园最终呈现中西融合的建筑风格，具备多元性和强烈的包容性。

不同的建筑风格以及新技术、新材料的出现催生了多样化的建筑细部形式，中山公园建筑的屋顶、门窗、檐部、栏杆等部位同样呈现出中西融合、多样化的特征。

民国时期水榭雪景

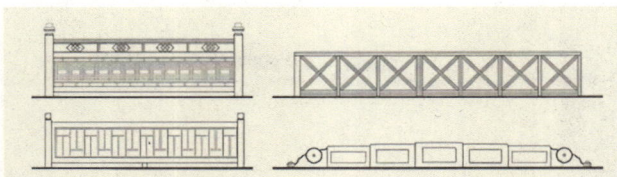

园内建筑技术也在逐步近代化。以来今雨轩为代表的砖木混合结构和以廊桥、唐花坞为代表的钢筋混凝土结构相继出现在公园内，除传统的抬梁式屋架外，公园内还出现了三角形木屋架、钢筋混凝土桁架等屋架形式。公园的建筑技术整体呈现向新结构、新材料的过渡和演变。

园内近代建筑栏杆式样

园内近代建筑什锦窗式样

园内什锦窗实景

铭记中山公园建设者

回望北京中山公园 110 年对外开放历程，除重大事件、文化人物外，更应铭记为中山公园建设作出贡献的管理者、建筑师与园艺师，他们才是中山公园建设的英雄。在 19 世纪末与 20 世纪初的交汇年代，古典秩序正被悄然打破，各个领域都涌现出杰出的人物，其文化思想、其所掌握的工程创新技术以全新的视角及扎实的实践影响着世界。北京中山公园正是在质疑、误解中创生的，也许"群英谱"尚未找全，但整理其"人物志"也许是好的开端，毕竟一百年前的年代并不遥远。

1928 年 2 月，中央公园董事大会合影（右起：傅子如　陈剑秋　方灌青　孟玉双　张勋伯　吴镜潭　陈介卿　傅沅叔　常朗斋　朱桂辛　王芗侯　蒋性甫　卫心薇　伍少垣　华通斋　阚霍初　吴甘侯　陆渭渔　于治昂　董翔周　梁节卿）

1933 年梁思成在中山公园营造学社
办公室前留影

朱启钤自 1915 至 1938 年出任中山公园董事会主席，其间他创立了中国营造学社这一 20 世纪最著名、迄今在中国城市规划与建筑界享有很高学术声望的机构。

中山公园建设策划者是朱启钤，总建筑师是华南圭，尔后汪申、刘南策等皆成为中山公园建设的功勋建筑师、工程师。他们均在 1930 年后先后加入中国营造学社，并在其中任重要机构成员，而中国营造学社的成立又在 20 世纪 30 年代促进了中山公园的科技文化之发展，这也进一步说明，中山公园与古都北京近代化建设步伐一致。朱启钤左手推动着古都北京的城市文化进程，右手高举中华民族建筑文明与文化传承旗帜。

2009 年 4 月 14 日，为纪念朱启钤创立中国营造学社八十周年举行"留下中国建筑的精魂"展览与论坛

1. 朱启钤——中山公园在任 24 年的董事会主席

2024 年是朱启钤先生诞辰 152 周年，辞世 60 周年。一个历史人物，如果从他的所为中能找到现实的贡献及对当下的作用，那他无疑是应该被特别记忆并怀念的，朱启钤正是这样充满智慧的人。他曾任北洋政府交通总长、内务总长，代理国务总理。1953 年 5 月被聘为中央文史研究馆馆员，是第一届北京市政协委员，第二、三、四届全国政协委员，古代建筑修整所顾问。周总理于 1954 年、1961 年两次亲临北京东四八条 111 号看望朱启钤。1961 年，周总理亲自在全国政协礼堂二楼为朱启钤主持了 90 岁祝寿活动。

朱启钤肖像

1922 年 8 月，正在北京大学教书的胡适初见朱启钤，在日记中说："……他（朱启钤）是近十年内的第一个能吏，勤于所事……交通系的重要分子，以天资的聪明论，自然要推叶恭绰；以办事的真才论，没有可以比朱启钤的。"著名建筑学家梁思成、刘敦桢、林徽因等都尊他为启蒙师；中国营造学社研究员王世襄先生在 2004 年，朱启钤辞世 40 周年，为论文集题名"冉冉流芳惊绝代"；1989 年，中国营造学社成立 60 周年时，两院院士吴良镛撰文《发扬光大中国营造学社所开创的中国建筑研究事业》；傅熹年院士称"朱启钤是研究中国建筑的倡导者和引路人"；中国文物学会 20 世纪建筑遗产委员会认为：朱启钤的贡献至少从 20 世纪影响到今天。

朱启钤先生开创了无数"第一"：

· 开创了北京市第一个现代公园——中央公园（现中山公园）。

· 开办了中国第一个博物馆——古物陈列所。

· 支持并组织知晓中外文化的设计家设计建造了一批中西合璧的北京古都建筑，如故宫博物院宝蕴楼。

· 将中南海南侧的宝月楼下层改建为"新华门"，拆除内侧的皇

一息斋木匾

2014 年，建筑文化考察组在一息斋前合影

1935 年董事会办公处（来今雨轩东侧）

城墙，使大门直通西长安街，又在门内修建了大影壁，在路南建起一排西式风格的花墙等。

·第一个倡导城市"修旧如旧"观念，主持制定了我国最早的古建保护法——《胜迹保管规条》。

·20 世纪初期，面临改朝换代的"新"北京城的发展之需，他审时度势，先后组织规划修复京城环城铁路、疏浚河道等。

·因担心沦陷后北京中轴线建筑遭战火威胁，组织天津工商学院张镈师生等，开展了堪称壮举的北京中轴线建筑实测，其中便包括社稷坛图纸。此举使他成为保护北京中轴线的历史"第一人"。

······

·朱启钤的儿子朱海北[1]在忆及中央公园内的"一息斋"时，提到朱启钤与一息斋的关系，一息斋的匾额也是朱启钤手书。

[1] 朱海北（1909—1996），1909 年 4 月 15 日生于辽宁铁岭，原名渤，以字行，又名铁骊，祖籍贵州开阳，朱启钤次子，中国国民党革命委员会成员。

中国营造学社未迁入中山公园时的成果——清式建筑彩画 1

中国营造学社未迁入中山公园时的成果——清式建筑彩画 2

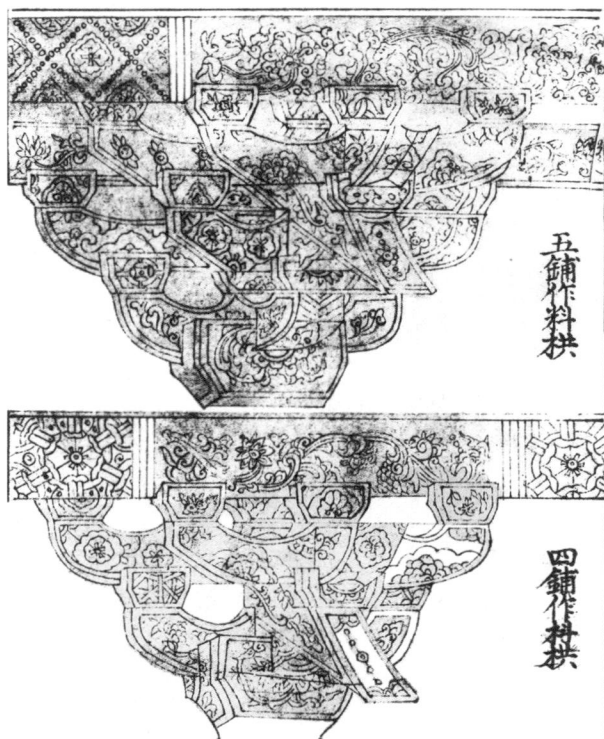

中国营造学社未迁入中山公园时的成果——《营造法式》铺作图样摹绘

朱启钤曾孙朱延琦说："我觉得：择一事，终一生。老祖是个能甩开臂膀，成就匠心的人。作为文化捍卫者和爱国人士，他的书房亦称'一息斋'，体现了 20 世纪早期遗产保护楷模之精神。"

这里，还应补充一段有关北京中山公园与中国营造学社的往事。根据《中国营造学社汇刊》等历史文献记载，以及原营造学社成员陈明达等人的回忆，中国营造学社自 1929 年成立（一说成立于 1930 年）起，在 1929 年末至 1932 年 6 月左右，其办公地点为朱启钤先生租赁的北平东城宝珠子胡同 7 号；1932 年 6 月，由朱启钤与北京中山公园董事会商议，将更为宽敞、适于办公的中山公园内的"行健会东侧旧朝房十一间"租给学社作为新社址；在 1938 年朱启钤辞去中央公园董事会董事长职务后，学社北京部的办公地点可能改在了朱启钤赵堂子胡同住宅内。学社在未迁入中山公园时，其主要工作是在朱启

中国营造学社迁入中山公园后的成果——宋式铺作模型 1

中国营造学社迁入中山公园后的成果——宋式铺作模型 2

中国营造学社迁入中山公园后的成果——宋式铺作模型 3

钤领导下对宋《营造法式》进行版本校雠、邀约老工匠（如路鉴堂等）按传统方法绘制清式建筑彩画图样等；迁入中山公园之后，恰逢梁思成、刘敦桢、刘致平、陈明达、莫宗江等相继加入学社，学社开启了运用科学方法进行古建筑调研工作的时期，留有调查报告、古建筑测绘图、宋式建筑构件模型（斗拱）等大量研究成果；梁思成、刘敦桢等因抗战爆发而向大西南转移后，朱启钤先生先后在中山公园、赵堂子胡同私宅独自承担着保护学社资料的重任。可以说，北京中山公园是朱启钤领导下的中国营造学社工作成果最辉煌时期的见证地。

朱启钤（中间者）摄于中国营造学社

从遗产服务文旅视角出发，编者希望有关部门组织专门人员进行深入调研，不仅应恢复中山公园内的中国营造学社旧址，还要将东四八条 111 号、赵堂子胡同 3 号、中山公园、前门箭楼、香厂地区等有机串联在一起作为"北京历史文化旅游线路"，主要目的包含以下三点：

一是要更好、更有价值地记住与传承北京城及中轴线保护区、缓冲区特有的 20 世纪历史事件与文化。

二是要通过讲北京城市发展的历史，介绍以朱启钤为代表的建筑、文博前辈对北京的贡献，如华南圭、梁思成、单士元、张镈等。

三是完全有必要利用每年北京"阅读季"支持开展朱启钤及中国营造学社相关文献的阅读普及，出版完整的中国营造学社对北京所作贡献的系列图书……

所有这些都将成为读懂北京城厚重的近现代文化的重要内容。

2. 华南圭——中央公园总建筑师

华南圭（1877—1961），1904年留学法国公益工程大学，成为该校第一个中国留学生。1911年归国后历任交通部技正，京汉铁路、北宁铁路总工程师，北平特别市工务局局长，天津工商学院院长及北京都市计划委员会总工程师，北京市人大代表（1949—1957）。

华南圭肖像

华南圭先生是我国第一代建筑师和规划师。如果说有感于华南圭孙女华新民所编的《华南圭选集》内容与内涵的丰富性，更令人遐思的是该书副题"一位土木工程师跨越百年的热忱"，这仿佛是一句启示语，它让人以独特的科学文化视角去追溯这位中国土木工程师的一生，去寻找华南圭在铁路建设领域外的贡献，如在城市建设、市政工程、建筑设计乃至营造学的方方面面。这些富有匠心的职业能力与修为，为他的城市审美与跨界之思奠定了基础。

在2021年关于中国第一代建筑师对北京的贡献的研究中，特对华南圭先生的贡献予以归纳：他的贡献不仅有人们早已知晓的1915年与朱启钤建设中山公园（原中央公园）；开创性支持朱启钤创办中

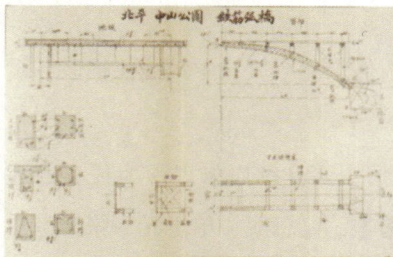
● 北平中山公园钢筋弧桥

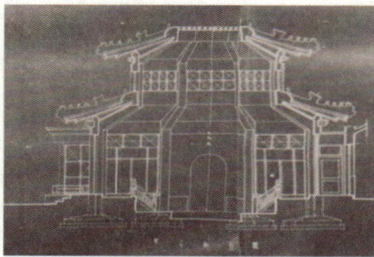
● 唐花坞断面图

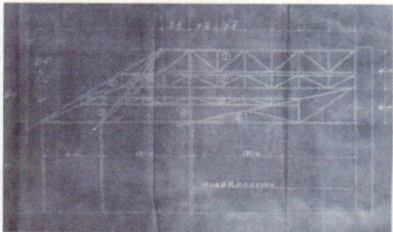
● 唐花坞井亭桁架屋面结构图

● 来今雨轩室内梁架图

华南圭针对北京中山公园的设计作品

水榭

水榭前的廊桥

国营造学社，在最关键的 1930 年至 1937 年一直出任"评议"等职；他还以宽广的视野与勤勉尽责的职业担当，成为科技报国与文化爱国的杰出典范；他还与詹天佑共同创办了中国工程师学会，在实践中总结出了"四个城市建筑观"。

留法归国的华南圭自然会带有 20 世纪初国际化的现代建筑视野，他重新审视中国建筑的现代价值，同时也关注历史建筑所具有的精美雅致之气韵。其著作《房屋工程》[1]就从多角度阐释"建筑物之性质"，主要体现在四个方面：

（1）建筑物之外表，为人所注目之处，建筑家应随其用途而注意……重在功能适当，反对追求奇巧；

（2）稳固是建筑物应有之性，安全设计是必须的；

（3）建筑简洁更要显庄雅，窗孔、门孔、横竖线条、凹凸部分等要均匀配置；

（4）建筑设计要遵循法规，确保科学性与政策性等。

在中山公园的建筑设计中，水榭、唐花坞都体现了他独特且稳固扎实的设计技艺与功底。

---

[1] 华新民：《华南圭选集》，同济大学出版社，2021 年。

3. 汪申——中山公园唐花坞设计者

汪申（1895—1989），字申伯，江西婺源人，1917年7月入巴黎高等教育专科学校攻读艺术建筑学。1921年入巴黎大学攻读建筑学，1925年获工学硕士学位后回国。1926年受聘为国立北京艺术专门学校图案系教授，1928年筹设国立北平大学艺术学院建筑系，发表《现代的建筑》等文章。1929年加入国立北平研究院史学研究会，受聘为该院建筑工程师，设计、建造理化部大楼。同年，任故宫博物院顾问，兼故宫博物院工程处副处长，参与延禧宫等项目设计。1930年任中法大学法国文学系主任，设计、监修礼堂及图书馆。1931年春，出任北平特别市工务局局长，主持古建修缮工程，并设计营造有声影戏院（东单大华电影院）。1935年在任旧都文物整理委员会实施事务处副处长时参与中山公园唐花坞改建工程，负责暖气、自来水工程的设计与监工。北平沦陷后，1937年8月，辗转上海、重庆等地，前往台湾。据中国营造学社社员记述及理事会文献记载，汪申一直是中国营造学社理事。

汪申肖像

1936年改建后的唐花坞远景

1936年以后，置于改建后的唐花坞前的山石

4. 刘南策——中山公园唐花坞设计者

刘南策（左二）、杨廷宝（右一）、林是镇（右三）等在故宫东南角楼合影

　　刘南策，著名藏书家、刻书家，学者陶湘（1871—1940）的女婿，北洋大学土木系毕业，留学日本，系1930年中国营造学社最早的会员，1932年任校理，曾任北平市工务局技正等职。他在张镈带领下参加了1941—1944年北京中轴线建筑测绘这个伟大的工程。1930年3月，营造学社正式易名为中国营造学社，在北平宝珠子胡同7号办公，只有3张桌子和6名正式成员，以下为学社成立之初的6名成员：

　　编撰兼日文译述阚铎（红学家，曾任北洋政府司法部总务厅厅长）；

　　编撰兼英文译述瞿兑之（著名文学家及画家）；

　　编撰兼测绘工程师刘南策；

　　编撰兼庶务陶洙（陶湘的六弟）；

　　收掌兼会计朱湘筠（朱启钤长女）；

　　测绘助理员宋麟征。

篇二　中山公园话今昔

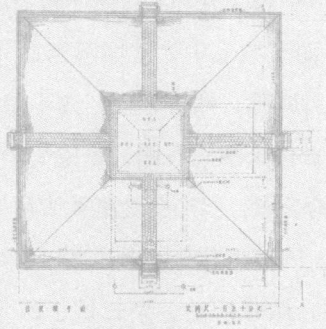

中央公园记[1]

朱启钤

朱海北按：北京中山公园（原为中央公园），创建于1914年，已有70年历史。建园的历史，人多已渺茫不知，如能一阅《中央公园记》，便可对该园创建始末有所了解。

1924年，该园添建长廊时，决定于该园大门内建过厅三间，并在大厅左右两壁各嵌石两方，准备镌刻《中央公园记》及董事会董事题名之用。1925年，《中央公园记》始由先严朱启钤撰文，并由董事孟玉双书写。孟玉双曾亲自将所书底稿附于石面之上进行勾勒，与董事会题名录同时镌刻于大厅两壁嵌石之上（1938年孟玉双病逝，1964年先严病逝）。嗣后公园扩建过厅，石刻拆除，后之与览斯文者鲜矣。兹将《中央公园记》原文抄录于后，以饷读者。

民国肇兴，与天下更始，中央政府既于西苑辟新华门为敷政布令之地，两阙三殿观光阗溢，而皇城宅中，宫墙障塞，乃开通南北长街、南北池子为两长衢。禁御既除，熙攘弥便，遂不得不亟营公园，为都人士女游息之所。社稷坛位于端门右侧，地望清华，景物巨丽，乃于民国三年十月十日开放为公园，以经营之事委诸董事会。园规取则于清严偕乐，不谬于风雅。因地当九衢之中，名曰中央公园。设园门于天安门之右，绮交脉注，缟毂四达。架长桥于西北隅，俯瞰太液，直趋西华门，俾游三殿及古物陈列所者跬步可达。西拓缭垣，收织女桥御河于园内，南流东注，迤逦以出皇城。撤西南复垣，引渠为池，累土为山，花坞水榭，映带左右，有水木明瑟之胜。更划端门外西庑朝房八楹，略事修葺，增建厅事，榜曰公园董事会，为董事治事

---

[1] 初录于1936年版《蠖园文存》，再次收录于《营造论——暨朱启钤纪念文选》，第88—91页。

兰亭八柱亭

来今雨轩

习礼亭

青云片

之所。设行健会于外坛东门内驰道之南，为公共讲习体育之地。移建礼部习礼亭与内坛南门相值。其东建来今雨轩及投壶亭。西建绘影楼、春明馆，上林春一带廊舍。复建东西长廊，以蔽暑雨。迁圆明园所遗兰亭刻石及青云片、青莲朵、搴芝、绘月诸湖石，分置于林间水次，以供玩赏。其比岁市民所增筑如公理战胜坊、药言亭、喷水池之属，更不遑枚举矣。北京自明初改建皇城，置社稷坛于阙右，与太庙对。坛制正方，石阶三成，陛各四级；上成用五色土随方筑之，中埋社主。墙垣甃以琉璃，各如其方之色。四面开棂星门，门外北为祭殿，又北为拜殿。西南建神库、神厨。坛门四座。西门外为牲亭。有清因之。此实我国数千年来特重土地人民之表征。今于坛址，务为保存，俾考古者有所征信焉。环坛古柏，井然森列，大都明初筑坛时所树。今围丈八尺者四株，丈五六尺者三株，斯为最巨；丈四尺至盈丈者百二十一株，不盈丈者六百三株，次之；未及五尺者二百四十余株；又已枯者百余株。围径既殊，年纪可度。最巨七柏，皆在坛南，相传为金元古刹所遗。此外合抱槐榆杂生，年浅者尚不在列。夫禁中嘉树，盘礴郁积，几经鼎革，无所毁伤，历数百年，吾人竟获栖息其下，而一旦复睹明社之旧，故国兴亡，益感怀于乔木。继自今封殖之任，不在部寺，而在群众。枯菀之间，实自治精神强弱所系。惟愿邦人君子爱护扶持，勿俾后人有生意婆娑之叹，斯尤启钤不能已于言者。启钤于民国三四年间长内部，从政余暇，与僚友经始斯园。园中庶事，决于董事会公议。凡百兴作及经常财用，由董事蠲集，不足则取给于游资及租息，官署所补者盖鲜。岁月骎骎，已逾十稔，董事会诸君眢石以待，谨述缘起及斯坛故实以诒将来，后之览者，庶有可考镜也。

中华民国十四年十月十日

一息斋记

朱启钤

写在前面的话

　　一息斋在中山公园社稷坛正门的东侧，对面为"习礼亭"。这里原是明清皇帝祭坛时警卫人员的住所。民国三年（1914年），先父启钤公任内务总长兼北京市政督办时，着手改建正阳门城垣和前门箭楼，并拆除了天安门对面两侧的千步廊；同时将稷园开辟为中央公园，开放供人游赏。园内增添设施所需工程用料，都由拆除千步廊的旧料解决。老人家常常亲去指挥规划，遂在社稷坛正门的三间北屋里设一办公地点，亲题匾额曰"一息斋"，系出自宋朝理学家朱熹的"一息尚存，此志不容少懈"的箴言，意

一息斋今貌（现为"朱启钤纪念展"）

思是：只要呼吸没有停止，就应毫不倦怠地工作。后来公园董事会办公室在来今雨轩东面建成，这里即不再办公。但大家为了纪念启钤公当时忍辱负重，在谤言四起的攻击声中，任劳任怨地兴办了这项具有卓识远见、造福后人的公益事业，对一息斋始终保持着原来的陈设和格局。民国二十七年（1938年），启钤公以年届古稀，便辞去了公园董事长职务。时中山公园建园将届25周年，同人等正编纂纪念册记述沿革兴废，乃敦请启钤公撰文记事，先父遂写下了这篇《一息斋记》。

我于孩提时，常随先父和家人到此游玩，犹能忆及当日公园营建时，先父事必躬亲的劬劳情景；故每经过一息斋旧址，都感念遗训，激励良多。尤其看到园中游人在幽美环境中的怡然自得之情，更感受到当年启钤公和他的同道们的建园善举终获成果带来的欣慰。[1]

朱海北　口述

李大鹏　记录

甲寅、乙卯之间经始斯园，余榜此室为"一息斋"，取吾宗文公"一息尚存，此志不容少懈"之义，以自励也。屋三楹，在坛壝南门外巽位，本为宿卫之所。光绪卅二年丙午，余官巡警部内城厅丞时，夏至大雩，恭逢德宗[2]圣驾亲行，夤夜率所属入坛，待漏于此。鼎革以后，太常[3]不修，鞠[4]为茂草。余长内部，遂辟金水桥为稷园正门，前当交午之地，榛莽芊起，游人咸乐其便。一息斋之南轩又当御路，最巨古柏三株，虬枝蟠屈，荫蔽数亩，常于树根编藤作榻以待宾。从来斯会者，有所经划，皆在树下咨诹之。且穿室后墉作茶灶具，饔飧退食之顷，则就此息止。其右三楹，则置市政工程处土木兴

---

[1] 朱启钤：《一息斋记》，收录于《营造论——暨朱启钤纪念文选》，第94页。
[2] 德宗即清光绪皇帝。
[3] 太常系掌管祭祀礼仪之官，清末废。
[4] 鞠：高貌。

作，殆萃于斯。时方改建正阳门，撤除千步廊，取废材输供斯园构造，故用工称事所费无多。乃时论不察，訾余为坏古制侵官物者有之，好土木恣娱乐者有之，谤书四出，继以弹章，甚至为风水之说，耸动道路听闻。百堵待举而阻议横生，是则在此一息间，又百感以俱来矣。越年来今雨轩落成，裙屐毕集，舆论大和，乃复建董事会于其东偏，而斯室遂闭。

丙辰解政，侨居津门时多，同社人士以爱屋及乌，室中一几一榻，保留未动。古树茵草设矩栏护之，犹殷殷无改所施。故余间岁偶来，共此晨夕，亦自得也。

戊寅冬初，余以衰老坚请谢事，而斯园建立将届二十五周年。同人议编纪念册以记述经过，推委汤颛公主纂事，即安砚斯室，着手撰辑，间就余询本园经始以来兴革故事。惜昏眊善忘，不能悉举以告。数月书稿成，撰述颇详切，且归功于始事者。读之，不禁愀然而生感喟。

夫孔子论政，首曰"先劳"，继曰"无倦"，是"先劳"为前进之方法，"无倦"乃后事之精神。余从政数十年，因缘时会创者虽不一端，而跋前疐后，隳弃垂尽，都未尝一顾，独于斯园之建置流连不已者，顾此二十五年中，曾经许多波折，咸赖群策群力以赴之，方有济一息之存。斯志不怠，又岂仅取以自勖哉。

近事园中委员会又以斯室为治事所，名园重振，礼从其朔，意甚盛也。吴君甘侯促余补记壁间，迟迟无以应之。冬夜枯坐，偶书前事，故兴忘之感，旁皇不忍缀笔。爰断取《诗》意，以铭斯室，后之君子盍诵斯语也。噫，南有乔木，勿翦勿拜。往来行言，以近有德。民亦劳止，汔可小息。惠此京师，以永终誉。

附记：

民国三年秋，朱公即建议辟稷园为公园，顾斩治荒秽，兴起土木，工程浩大，需款正多，乃发起募捐。计第一次募捐列名发起者为段祺瑞、朱启钤、汤化龙、梁敦彦、梁士诒、王士珍、萨镇冰、孙宝琦、周自齐、刘冠雄、陆徵祥、荫昌、张勋、江朝宗、吴炳湘、施肇曾、萨福懋、叶恭绰、荣勋、陈宧、唐在礼、曹汝霖、张寿龄、沈云昌、沈云沛、冯元鼎、治格、沈金鉴、祝书元、陈时利、徐廷爵、赵庆华、孟锡珏、关冕钧、陈威、任凤苞、顾维钧、周作民、孙培、王黻炜、于宝轩、昌铸、许宝蘅、李宣威、林振耀、俞瀛、胡筠、方仁元、马荣、陶湘、张莲芬、胡希林、黄植、杨德森、王克敏、鲍宗汉、邓文藻、金森、金萃。

捐启发出后，计不及半年，募款 40000 余元，其中个人捐款以徐总统世昌（时任国务卿）、张上将勋（时任长江巡阅使）各捐 1500 元，雍君涛两次合捐 1500 元为独多。

第二次募捐公启署名者，除原发起人外，加入许世英、徐绍桢、王占元、熊希龄、潘矩楹、孟恩远、张锡銮、张元奇、靳云鹏、王揖唐、田文烈、蔡儒楷、李纯、雷振春、江庸、傅增湘、段芝贵、徐树铮、陆荣廷、陈文运、帅景云、曲同丰、陈士钰、张志潭、吴承湜、阚铎、王景春、权量、华南圭、常耀奎、董玉麟、郑成、郑君翔、金邦平、雍涛等 30 余人。

我的祖父华南圭（通斋）
与北京中山公园

华新民

　　小时候，我跟所有的北京孩子一样，经常来中山公园玩耍，但并不知道它与祖父的关系。到了中年，开始探究家史，才发现北京的各处都留有祖父的印记，包括中山公园。

　　祖父是第一个去法国学习土木工程的中国留学生，1904年启程，1911年归国。当时他学校的土木工程课程是包罗万象的，铁路、公路、房屋建筑、市政和水利工程等，所以他能之后在本职工作之暇，自1916年开始，二十年当中，撰写了涉及所有这些领域的几十部启蒙教材。

　　朱启钤先生是祖父的伯乐和知己，他们的相识与北洋政府时期的交通部相关，也因祖父是一位勤于发表见解的铁路工程师，他在铁路协会专刊《铁路》上发表的文章一定令曾担任交通总长的朱启钤先生感到志同道合，所以朱启钤先生就向当时的大总统提议让刚回国不久

华南圭 1910 年　　　　　华南圭 1938 年

的祖父立即担任交通部技正和交通博物馆馆长，这些重要职务都令饱学又实干的祖父充分发挥了自己的抱负。

1913 年社稷坛开始筹备变身为公园时，祖父还没有参与相关工作，因为他正忙于创办交通博物馆，直到该馆于 1914 年 10 月 10 日开幕［与古物陈列所、中央公园（1928 年之后改称中山公园）的开放同一天］。1915 年 3 月，中央公园成立常任董事会，建园正式启动，于是祖父也就义不容辞地成为常任董事会的成员之一，出于对朱启钤先生的敬意，也因为开辟城市公园的动议本来就符合他本人的建设现代城市的理念。董事会成员，有因功在捐款而只是挂名的，有偶尔露个面表达一下意见的，而只有事务部的几位常任董事才是真正做具体工作的，分管建筑、树艺、管理和会计等项目。祖父负责的是建筑，自 1915 年至 1938 年，在建筑事务方面，每个阶段都有不同的两三位责任人，有进行具体设计的建筑师，也有为项目出谋划策的医师和儿童心理学家等，多年中有来有去，唯独祖父始终坚守着，从未中断过，承担着事实上的总建筑师的责任。二十多年里，在从事各种工作（铁路建设、工务局、大学教学和著书等）的同时，他一直"忙里偷闲"义务地帮助朱启钤先生关照着这座公园。这里的所有决策，都是常务董事会集体研究后确定的，而由于他涉猎的专业知识比较广泛，往往能说服他人。

有关中山公园早期的历史，最重要的史料就是 1939 年出版的《中央公园廿五周年纪念刊》，其撰写者在编辑述要里表示"然事实取证，不得不询诸历事最久、躬与其役者，以期翔实"，而对其中的施工事项，撰写者主要就是向投入了很多心血的祖父了解情况。另外，在这本纪念刊里，还出现了祖父捐赠的一幅于 1921 年制作的中央公园鸟瞰图，图注上的"捐赠"两字说明这幅测绘图本来是由他聘请和指导乌景洛先生为他个人做的，本是给他自己的礼物，但之后又割爱送给了中山公园。

祖父出生在小桥流水的无锡荡口镇，一直在那里长到 25 岁，所以对中国传统建筑和水乡的景象有着深刻的感触，之后在法国留学七年，又获得了西方的建筑和规划知识，使他能够在建筑设计和园林布局中巧妙地融合中西风格。具体建筑中我稍微了解一些的是唐花坞和连接水榭的廊桥。唐花坞始建于 1915 年，是一处能四季养花的木结构温室，其屋顶为能透进阳光的彩色玻璃窗，房屋中间是喷水设备和山石，正是他撰写的《房屋工程》中相关章节的实践。最重要的还是建筑的寓意：那个燕翅的造型，以此来寄托从学生时代他就开始追求的自由信念。二十一年后，虽因长久的水汽腐蚀了木料，不得不拆除并改成钢筋混凝土结构，但重建的唐花坞外观仍然为燕翅，就此把他的心思永远地铭刻在了公园的土地上。当时由于祖父正在掌管天津工商学院，抽不出太多时间，便请好友汪申帮忙一起做设计，并始终关注着工程计划的细节，直到把“华送”两字写到呈上，亲自上交市政府以获批准。原始建筑里的那块带着绿苔的涵水石也保留至今，那是有人从外省山谷悬崖峭壁上采摘下来的，祖父把它放进了唐花坞中心的水池，一直小心翼翼地呵护着。

还有连接水榭的曲折廊桥，也是祖父的作品，其中一段的设计

房屋工程

第七編支配

工師華通齋著

第八編美術

民國九年印行

原著人已出版之各書	房屋工程第一編、應材	鐵路撮要第一編、鐵路材料
	房屋工程第二編、圬工	鐵路撮要第二編、鐵路工程
	房屋工程第三編、頂面底面	建築材料撮要、諸辦及選用
	房屋工程第四編、中部	圬工撮要
	房屋工程第五編、淨水及穢水	力學撮要
	房屋工程第六編、暖務及通風	材料耐力撮要、死重
	房屋工程第七編、支配	土石工程撮要
	房屋工程第八編、美術	
將出版之各書	鐵路撮要第三編、車輛及運輸	
	材料耐力第二編[illegible]重及鐵橋	

北京錢糧大人胡同十九號

华南圭《房屋工程》书影 1

第七節

正面之畫分

Divison de la façade

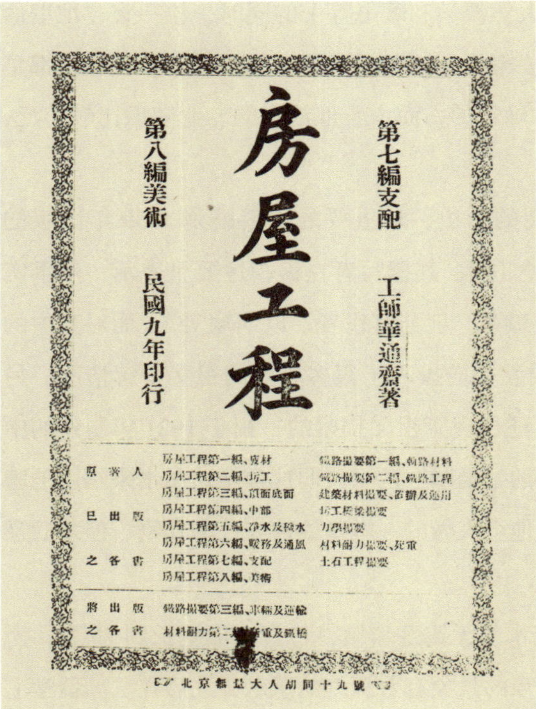

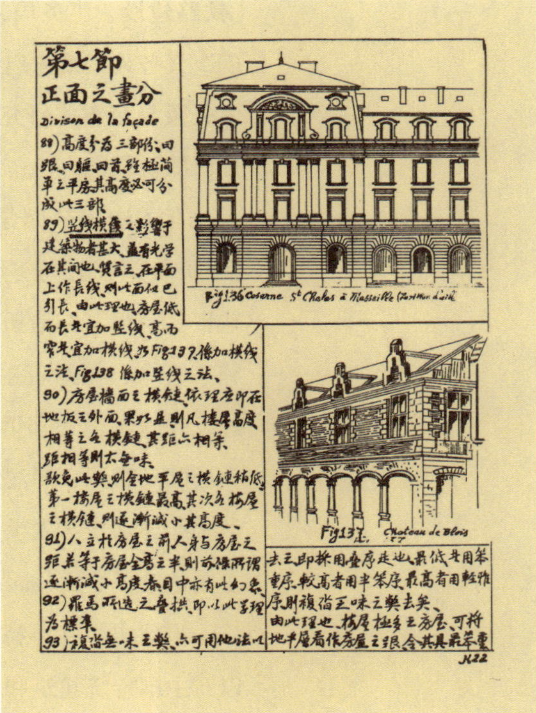

华南圭《房屋工程》书影 2

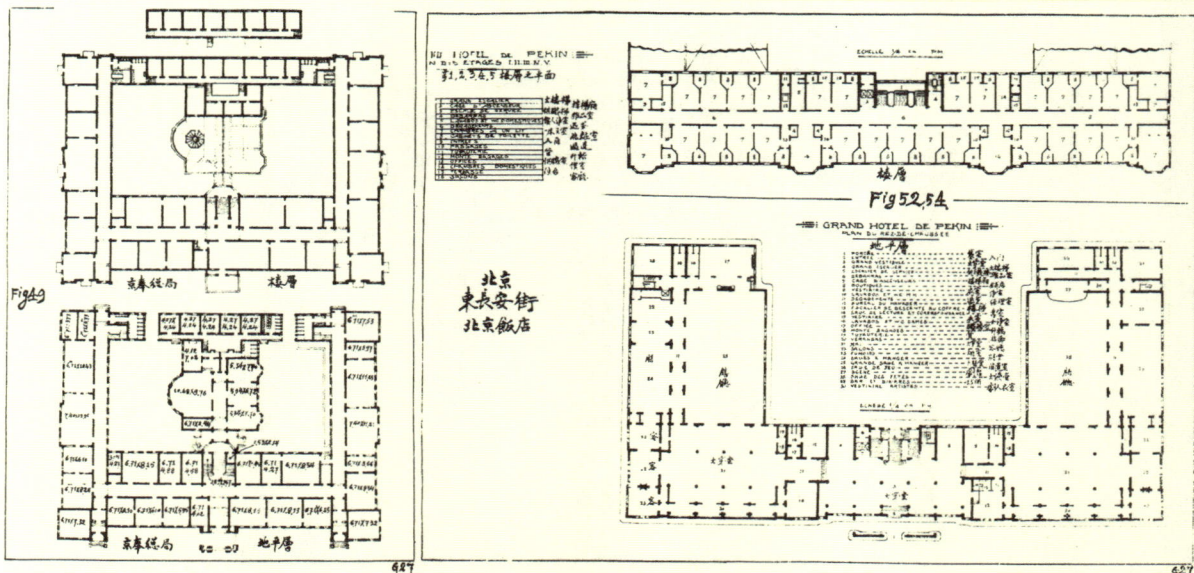

华南圭《房屋工程》书影 3

图，由于是对钢筋混凝土的实验，所以就单独把它发表在百年前的专业杂志上了。当水面上长满荷花时，远景中的水榭和廊桥显得格外漂亮。

在上述纪念刊里，可以看到不同时期的几幅公园平面图，但我家里还保存着另外一幅，是 1928 年制作的，它的醒目之处就是为中国营造学社未来的办公场所预留了位置。在 20 世纪 40 年代的一份简历里，祖父写道："北平中山公园，为全国最优美之公园，朱桂辛先生一手创辟，本人为常任委员，曾效驰驱。朱老先生，又创设营造学社，本人亦参与其事，今日每与桂老面晤，常谆谆谈此二事不倦。"祖父 1928 年在《中华工程师学会会报》上发表的《中西建筑式之贯通》，正是以《营造法式》和他最为熟悉的社稷坛拜殿为对象来加以分析的。

近日，我在偶然发现的《筹建纪念坊缘起》一文中又注意到祖父和中山公园的另一个因缘。原来为庆祝第一次世界大战的胜利而安放于公园里的公理战胜纪念坊，居然是京都市政公所与中法协进会共

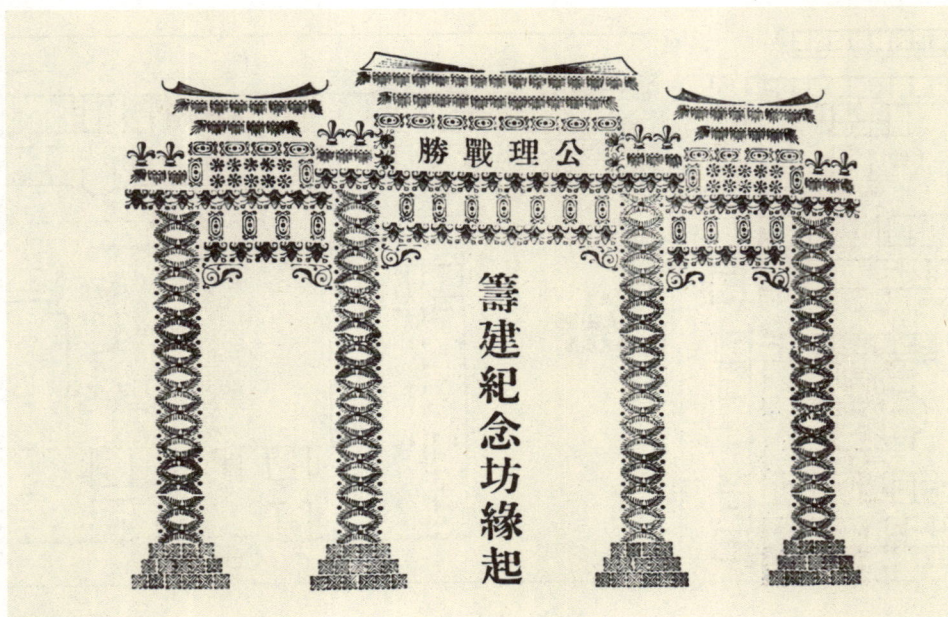

《筹建纪念坊缘起》

同努力的结果，而祖父作为该会的成员又身为公园建设骨干，文章中所提到的"往复商酌"，显然就是他所为。

百年前，我的祖母华罗琛带着她的几个孩子，也经常来中山公园，漫步中她自然为丈夫的付出感到自豪，同时更是对朱启钤先生钦佩不已，曾在她的著作《心文》的一个段落里提出希望在该公园里为朱启钤立像，她可能是当时唯一一个表达此愿望的人。

《筹建纪念坊缘起》法文版

附：

《筹建纪念坊缘起》

溯此次欧陆战争，时逾四稔。世界各国为主持公理而战，先后参加者至二十国以上，卒使强权摧崩，正义复伸，协商各国得获完全之胜利，世界全局遂臻永久之和平，允宜有昭示之。

建筑为历史之纪念，是以京都市政公所拟于市内建筑纪念坊，冀垂久远。正筹议间，适中法协进会亦有移克林德原碑改建纪念碑于中央公园之请，爰由市政公所本市民之公意，发起此项建筑，延集内务部、京师警察厅、中法协进会人员往复商酌，决定建筑公理战胜纪念坊于中央公园门次，并公同组织筹办处以策进行，更由市政公所请求政府拨助建筑经费。

拟定三月十五日举行开工式。

窃思此项建筑即为一种公理战胜之表示纪念，实属旷古未有之举，将来开工礼式为中外视听所系，筹办倍极繁重，同人绵薄，时虞弗胜，尚冀邦人君子不吝指导，咸予赞勷，匡其未逮，尤所跂盼。他日矗起崇坊，勒铭贞石，作文明之观感，亦林总之光荣。用疏缘起，伏祈鉴察。

协胜纪念建筑筹办处启

1919 年 2 月 15 日于北京

朱启钤先生与北京中山公园
（1999 年）^[1]

姜振鹏

1912 年朱启钤先生在担任北洋政府交通总长期间，便有意将皇城内天安门、端门与阙右门以西的已荒废多年、遍地荆棘草莱的明清社稷坛辟建成公园，为京城百姓提供一处有益身心健康的游憩娱乐场所。朱启钤先生改任内务总长后，1914 年承德避暑山庄文物陆续运抵北京，为安置这批文物，朱先生自荐与清廷交涉，将太和、中和、保和三大殿以南地区，除太庙外全部划归中华民国政府管辖，清室人员改由神武门进出。这样，朱公辟社稷坛为公园的夙愿方得以实现。

在朱公的积极倡导和亲手操办下，1914 年 10 月 10 日古老的社稷坛正式作为公园对社会开放。初称中央公园，1928 年为纪念孙中山先生而改为中山公园。公园日常事务由常务董事会后改为公园委员会负责，朱启钤先生亲自出任常务董事会会长及公园委员会主席，直至 1937 年。公园在朱公的主持下，苦心经营策划、不辞疲劳辛苦、亲临现场指挥，而且还要承受来自各方面谴责诽谤的压力，克服种种困难，终使荒秽不堪、满园榛莽的古坛庙发生了巨大的变化，赢得了京城百姓的赞许，成为北京第一个嘉惠市民、陶冶身心、弘扬文化、促进文明、造福社会的城市公园。

在朱启钤先生主持工作期间，公园从以下六个方面做了大量工作。一是对明清社稷坛遗存下来的全部地面文物建筑进行了完整的保护，对重点古建筑进行了养护修缮，从而使古社稷坛的拜殿、戟门、五色土坛、神厨、神库、宰牲亭、坛墙、坛门等都完整地保护了下来。特别是园内的拜殿，自明代建成后，一直未遭到破坏，使其成为皇城中完好的明代建筑遗存，以至解放以后明清社稷坛被国务院确定为全国重点文物保护单位。二是对明清社稷坛乃至辽金时代遗存的

---

[1] 原载《古建园林技术》1999 年第 4 期。

古树进行了重点保护和养护。即便是已经枯死的古树也不伐除，而采取了以藤萝或凌霄等攀缘植物萦绕加以美化的方法，使古坛庙的神韵历历在目。三是在不影响古坛庙格局的前提下，在外坛保护、移建了一批宝贵的古建文物。如从惨遭八国联军洗劫后的圆明园移至公园的兰亭八柱、兰亭碑，乾隆皇帝第一次南巡时从杭州原南宋高宗皇帝吴山德寿宫旧址发现的名石，后选入圆明园长春园内园太虚室前，1766年被乾隆皇帝命名的"青莲朵"以及"青云片""搴芝""绘月"等名石，移建了原建于明永乐十八年（1420）鸿胪寺内的"习礼亭"、河北大名府古刹遗址中发现的一对宋代石狮等。四是在外坛新建了一些适合公园的功能要求并具有较高造园艺术水平的景观景点，如公园南部的水榭、长廊、唐花坞、来今雨轩、迎辉亭，公园西部的绘影楼、春明馆、碧纱舫，公园东部的投壶亭、松柏交翠亭等，给古老的坛庙带来了生机，使它初步形成了人们喜闻乐见的具有浓厚民族风格的近代名苑，其中有个别景观景点就是中国营造学社会员设计的。五是在保护好园内古松柏的基础上，又因地制宜地栽植了大量园林观赏花木，如国槐、白皮松、海棠、丁香、牡丹、芍药、藤萝等，同时还栽培了兰花、杜鹃、茶花等一批室内名贵观赏花卉。六是开展健康、高雅的多种展览及文化、卫生、体育、娱乐活动，使公园成为既受上层人物喜欢同时又受基层百姓欢迎的雅俗共赏的消遣游览场所。

朱启钤先生为官数十年，身居庙堂，但却始终不忘矢志爱国，施德百姓。他淡泊名利，为公园建设呕心沥血，鞠躬尽瘁。他为自己在公园内办公的处所取名为"一息斋"。从他本人撰写的《一息斋记》中我们可以看出取名之义："取吾宗文公'一息尚存，此志不容少懈'之义，以自励也。"他称赞"孔子论政，首曰'先劳'，继曰'无倦'，是'先劳'为前进之方法，'无倦'乃后事之精神"。实际上，这种精神亦曾激励了当时为辟园而献身的一代人："顾此二十五年中，曾经许多波折，咸赖群策群力以赴之，方有济一息之存。斯志不息，又岂仅取以自勖哉。"这里也可看出朱公依靠群众、相信群众以及谦逊的美德。

北京中山公园改造实施二三事

赵一诺　崔　勇

1912 年，朱启钤在任北洋政府交通总长时，已有意将皇城内天安门、端门与社稷坛等场所辟建为京城百姓游憩娱乐的公园，任内务总长后，朱启钤又试图将太和、中和、保和三大殿以南地区（除太庙外的场所）划归中华民国政府管辖，并倡言"向无公共之园林，堪备四民之游息"。既往皇室专制的空间场所的历史当终结，为将社稷坛改造为公园做好了铺垫。

社稷坛本为明清两代朝廷祀奉"太社之神"和"太稷之神"的祭坛，与太庙相对形成"左祖右社"的皇城空间格局。建筑群由内、外两圈坛墙环绕，中央筑坛覆五色土。清朝覆灭后，皇城禁地开放，车水马龙，行人如织，急需将社稷坛开辟为供市民游乐休憩的公共场所。1914 年 5 月，朱启钤呈交《请开放京畿名胜酌订章程缮单请示》，建议应该顺应民意开放名胜，同时订立《京畿游览场所章程》10 条，自此带动其他名胜逐步向市民开放。1925 年，朱启钤在中央公园添建长廊时写下《中央公园记》，详细阐述公园建设过程。

北京中山公园新来今雨轩 1

北京中山公园新来今雨轩 2

    朱启钤重新规划与营建中央公园。设置大门于天安门右侧，在西北角架长桥。将外坛垣向西南开拓，将南面织女桥、北面筒子河划入园中，形成园内"累土为山，花坞水榭，映带左右"的雅致景观，并将端门外的八间西庑朝房加以修缮，作为董事会办公场所，并取名为"一息斋"。留法总建筑师华南圭及同人参与园区布局的规划与设计及园林建设，因园中无山水亭榭，在南园建来今雨轩、投壶亭、绘影楼、春明馆、上林春、唐花坞、水榭、碧纱舫等，东建曲折往复的西向长廊，以避雨添趣。1914 年 10 月，在朱启钤积极倡导和亲手操办下，社稷坛正式作为中央公园，对社会开放，"男女游园者数以万计"的景象成为民国当时之盛况。中央公园日常事务由常务董事会，后为公园委员会负责。

    中央公园的改造与营建过程体现了朱启钤对传统建筑保护的积极探索，在建筑遗产保护与建筑文化传承与发展上具有重要的价值意义。首先，完整保存内坛传统建筑空间格局及古迹的同时，对原有古建筑进行保护与修缮，并对坛南部古树进行维护。其次，景观与新建筑营建只限于外坛，在原有基础上，增置山水、亭榭与花木，添建游乐项目，从而形成现代园林景象。最后，新建建筑体现了对本土建筑文化的传承与再利用。如在营建意象上，传承古典园林与建筑意象，大量采用古典园林设计意匠作法，达到高水准的景观意境。

《中央公园廿五周年纪念刊》[1]辑要

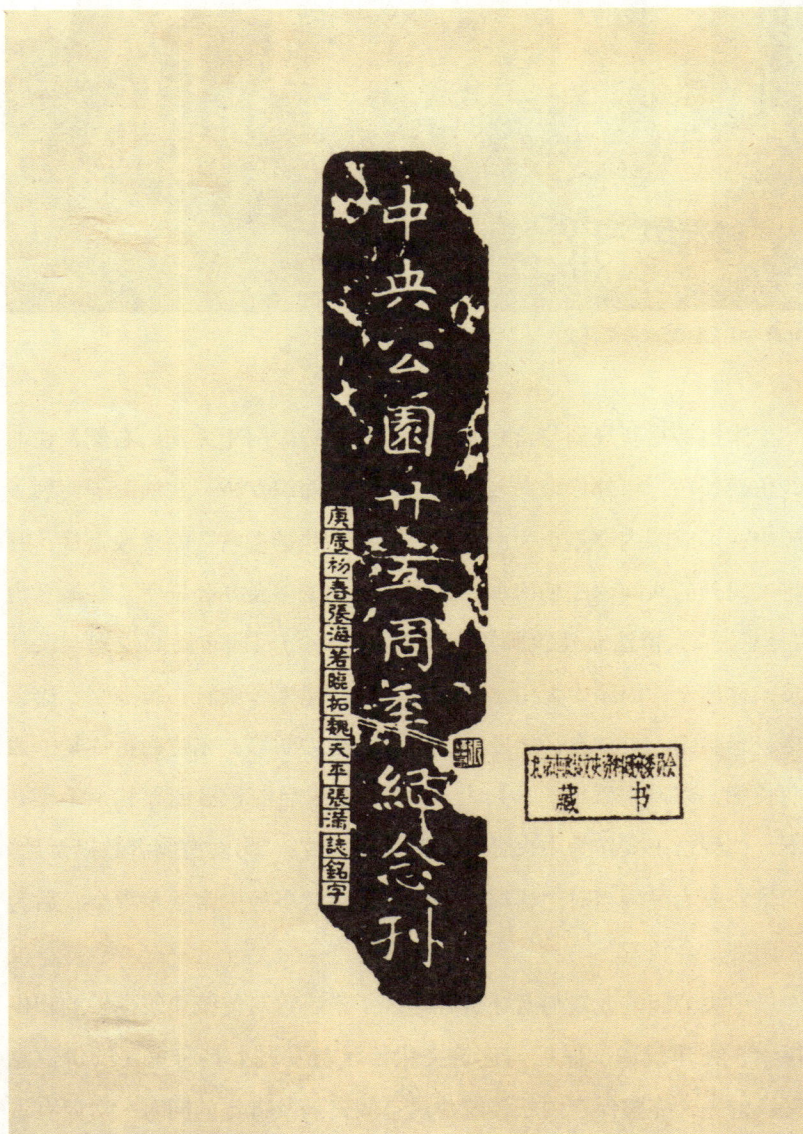

《中央公园廿五周年纪念刊》封面书影

<hr>

[1] 这份《中央公园廿五周年纪念刊》，由汤用彬具体负责编纂，从 1928 年 9 月起，至 1939 年 4 月完成，约 15 万文字，图照百余张，是一份珍贵的北京中山公园历史文献。本书辑录其中的二则序言、编辑述要，以及原书珍贵书影，或可令更多读者了解北京中山公园的创建历程、景观特色和文化内涵，对今后文化遗产保护及新时期文化发展，不无借鉴、启示作用。——整理者注

《中央公园廿五周年纪念刊》序 / 朱启钤

历任会长主席朱桂辛先生
本园创办人

卷首相片

朱启钤肖像书影

余曩掌内曹，与同僚辟旧社稷坛，创为中央公园。经邦人君子之协力，卒底于成，回首前事，忽忽廿五稔矣。其间屡经兵革，迭逢事变，独此园林毫无残毁，且逐年营缮，日臻完美之境。谓为董事会自治之精神，毋宁谓为市民公同之爱护，乃克有此。今秋值斯园廿五周纪念，佥推汤君颇公[1]执笔主编，将此期间园中故实，及目前景物，勒为一帙，走示於余，并索序言。披览之余，观其蒐辑之勤，排比之洽，洵足以润色鸿业，昭兹来许，顾余则重有感焉。原夫文物制度之形而下者，见诸栋宇、服御、器用；其形而上者，则播为风俗、思想。总为一体，不可判析。凡所贵乎古物者，非徒以历时久远、制作精异、价值连城堪为重宝，乃以其为古人精神之所寄，由此可见文化之总体也。斯园也，乃古之国社。《国语》曰"观民于社"[2]，《周礼》曰"祭州社，则属其民而读法"[3]。是斯园为我先民奕世精神所寄托，亦已伟矣重矣，固非以园林视之，徒侈耳目之游观已也。抑斯园

---

[1] 汤用彬，字冠愚，又名颇公，湖北省黄梅县人，生卒年不详。历任民国陆军部主事、执政府机要秘书、善后会议专门委员、国史馆协修等，时任中央公园事务部管理课委员。著有《燕尘拾遗》《新学名迹考》《北洋军志》等。——整理者注

[2]《鲁语》："夫齐弃太公之法而观民于社，君为是举而往观之，非故业也，何以训民？"

[3]《周礼·地官·州长》："若以岁时祭祀州社，则属其民而读法。"

朱启钤《〈中央公园廿五周年纪念刊〉序》书影

邱壑无多，殊不如南北海得琼岛瀛台之胜，特以地近阙右，前当东西长安街之中，古木参天，四时不凋，道路平治，随方中矩，游人跬步可达。故衣冠文物之会，岁时祓禊之事，大众集合，每在於斯。若夫朝曦出而云霏开，夕阳下而林阴合，老人耄行，稚子弱弄，扶者挈者，若有常课。况以登临无跋涉之劳，出入鲜呵殿之阻，乘兴即来，适性乃止，平易宜人，此亦差胜。至於牡丹称盛，花好时节，士女倾城，联袂接踵，命侣携俦，以遨以嬉，恒增於寻常百倍。岁取园符，合廿五年，更番计之，曾不下几千万人。似此悠久之纪载，岂仅为吾侪董治经营之成绩？而人情之好尚取舍，於斯亦可概见。今也，异国观光连袂来游者日众，停车问俗，每乏济胜之导言。斯刊陈诗以见民风，写景以示名物，尤足以引起瞻眺之兴趣。是盖有裨於首善市政之发皇，其贡献於社会益大。继自今本此规模，毋怠毋荒，依时孟晋，或十年五年，一加增葺，必更可观。则异日探讨燕京掌故者，又岂读《洛阳名园记》[1]之徒供嗟叹哉？！

中华民国二十八年十月

蠖公朱启钤

[整理者点评]

这篇短短六百余字的序言，朱桂老以其深厚的文史功力，言简意赅地回顾了他与同人们创建中央公园的 25 年历程：尽管过程跌宕起伏，但因为得到了市民的爱护，中央公园在战乱中得以保存下来，并日趋完美（原文所谓"屡经兵革，迭逢事变，独此园林毫无残毁，且逐年营缮……为市民公同之爱护，乃克有此"）。又以其独到的思考，阐释出将皇家社稷坛改造为公园的文化寓意：此地作为"古之国社"，是古代文化精髓所在（原文"斯园为我先民奕世精神所寄托，亦已伟矣重矣"），亦应成为市民自由出入休闲的大众乐园（原文"大众集合，每在於斯""出入鲜呵殿之阻，乘兴即来，适性乃止，平易宜人"）。细读这篇序言，可知朱启钤先生不仅仅是一位文化遗产保护者和古都北京现代市政建设的开拓者，更是一位有强烈的人人平等意识和厚生情怀的思想大家。

---

[1] 北宋李格非所著游记。

《中央公园廿五年纪念刊》序 / 朱博渊[1]

　　自人群进化，凡服御、饮食、宫室、车马之属，无不日益求新。至如攻战之具，飞潜冲越，尤极其智虑以相上。物质文明无止境无极则，然至今日亦戛戛乎尚矣。夫人类生存幸福，属于物质享用者居大多数。是物质之文明，其系属於人类，固至繁密。然物质文明日进，其结果为福乎？为祸乎？此非浅常之说所能断定。攻战之具无论矣，即服御、饮食、宫室、车马之属，其便于人身、利於人事者，不胜偻指。而揆诸消长之理，倚伏之机，或尚有耐人寻绎之处，非可概论也。然则文化进步中，求其有百益无一弊者，果何属乎？原始要终，惟以公园当之其庶几矣。吾人服务社会，事绪万端。或劳心，或劳力，劳心者损神，劳力者役形，不有调剂，将归耗散。耗散之极，乃致疾病。公园者，调治精神之惟一良剂也。京师之有公园，自中央公园始。而创造之者，则为紫江朱蠖公。今二十五年矣。自开创以迄今时，恃公园以锻炼身体、疗养疾病者，不知凡几。弱者健，病者兴，其造福社会，为何如乎？朱公於民三之际，长内政兼督市政。

朱博渊肖像书影

[1] 朱深（1879—1943），字博渊，河北永清县人。1933年12月任中华民国政府华北议政委员会法制部长、最高法院院长。1938年继任中央公园董事会董事长。——整理者注

彼时都人耳目，於公园尚少见闻，而朱公独注意及之，以社稷坛旧址古柏参天，极奥如旷如之致，而地处都市中心，尤为难能可贵。用是披荆棘、辟草莱，经之营之，蔚然为京市首出之游息地。促进文化、嘉惠市民，若朱公者，真社会之福星，当为吾人所公认者也。客岁以老病辞谢董会主席[1]，同人推余承其乏。余亦惟萧规曹随，弗敢失坠而已。同人有二十五年纪念册之辑，征言於余。用将观感所及，并其创始崖略，具述如右。至於风景之妍丽，设施之美备，别有专载，无须余之阐扬，故略。

永清朱深博渊甫谨序

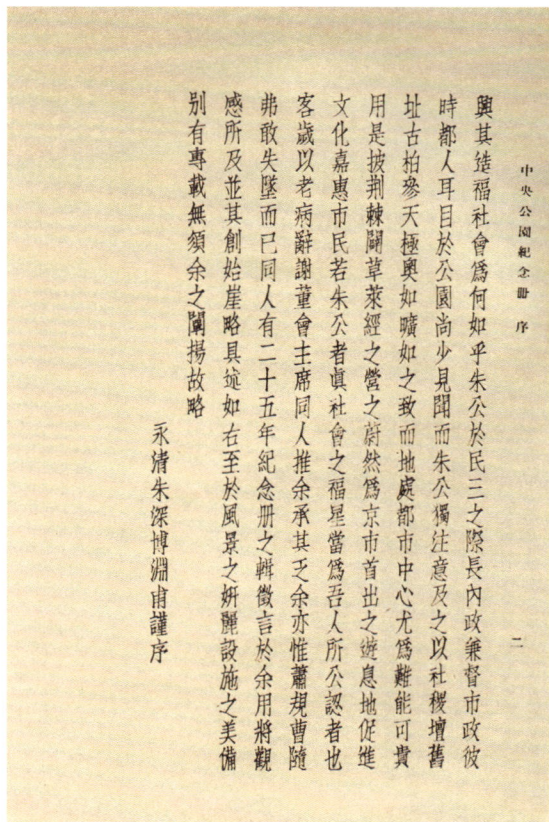

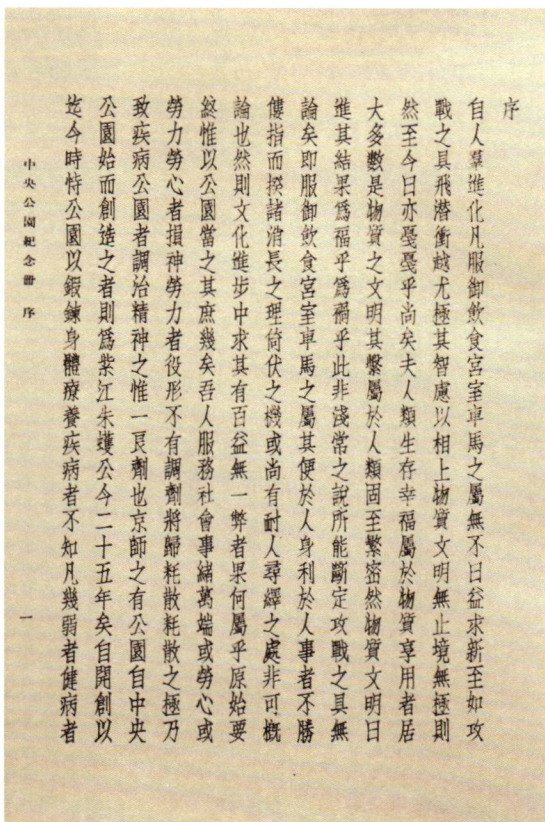

朱博渊《〈中央公园廿五周年纪念刊〉序》书影

---

[1] 似指朱启钤在 1938 年辞去中央公园董事会董事长职务。——整理者注

［整理者点评］

此序言出自继任朱启钤中山公园董事会董事长职务的朱深手笔。文中除表示要"萧规曹随"继承朱启钤管理公园的既定理念与工作思路外，再次强调此公园创办二十五年来，在市民文化生活方面所发挥的积极作用（原文"恃公园以锻炼身体，疗养疾病者，不知凡几。弱者健，病者兴，其造福社会，为何如乎？"），赞叹公园为"调治精神之惟一良剂也"。今天看来，所谓"惟一良剂"未免夸张，但北京中山公园在当时所得到的公众的普遍认可，则是毋庸置疑的。

编辑述要 / 汤颇公

本编编辑之主旨与"园志"略异。园志之作，在於铺叙事实，无取推扬於主事者，且可直书其名，不假缘饰。若本编既名"纪念册"，为纪念其人与事，於过去之所为，苦心经营擘画，必尽力阐扬，使之无遗。为此之故，对于始事诸人，自宜特予尊崇，讳其名而书其字，或竟隐其字而书其爵里，乃符纪念之义。且本园始事诸人，如治嚣清都护、吴镜潭总监、孟玉双太史，俱久作古人，紫江总长亦以年高退

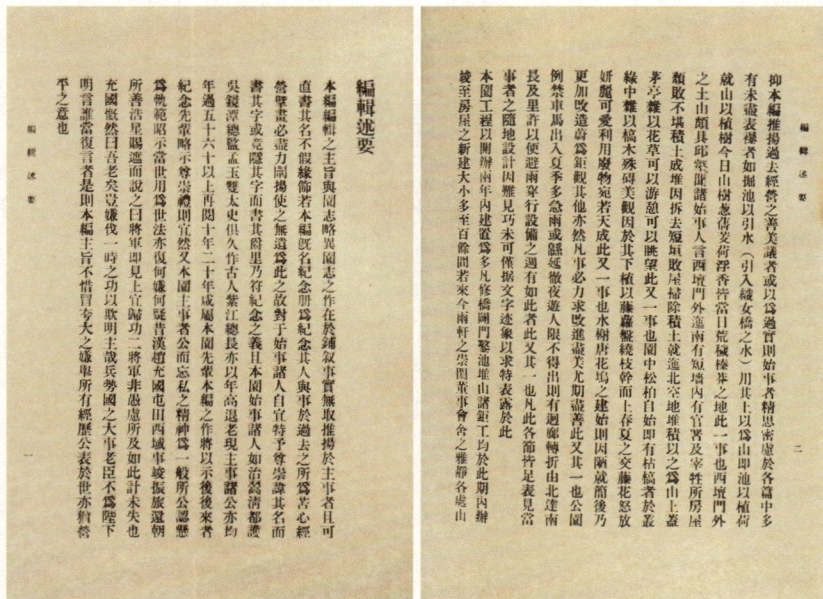

《编辑述要》书影1

老。现主事诸公，亦均年过五十六十以上，再阅十年二十年，咸属本园先辈。本编之作，将以示后，后来者纪念先辈，略示尊崇，礼则宜然。又本园主事者，公而忘私之精神，为一般所公认，悬为轨范，昭示当世，用为世法，亦复何嫌何疑？昔汉赵充国屯田西域，事竣振旅还朝，所善浩星赐遮而说之，曰："将军即见上，宜归功二将军，非愚虑所及。如此计未失也。"充国慨然曰："吾老矣，岂嫌伐一时之功以欺明主哉！兵势，国之大事，老臣不为陛下明言，谁当复言者！"是则本编主旨，不惜冒夸大之嫌，举所有经历，公表於世，亦犹营平之意也。

抑本编推扬过去经营之善美，议者或以为过，实则始事者精思密虑，於各篇中多有未尽表襮者，如掘池以引水（引入织女桥之水），用其土以为山，即池以植荷，就山以植树。今日山树葱蒨，芰荷浮香，皆当日荒秽榛莽之地。此一事也。西坛门外之土山，颇具邱壑，闻诸始事人言，西坛门外，迤南有短墙，内有官署及宰牲所房屋，颓败不堪，积土成堆。因拆去短垣、败屋，扫除积土，就迤北空地堆积以之为山，上盖茅亭，杂以花草，可以游憩，可以眺望。此又一事也。园中松柏，自始即有枯槁者。於丛绿中杂以槁木，殊碍美观，因

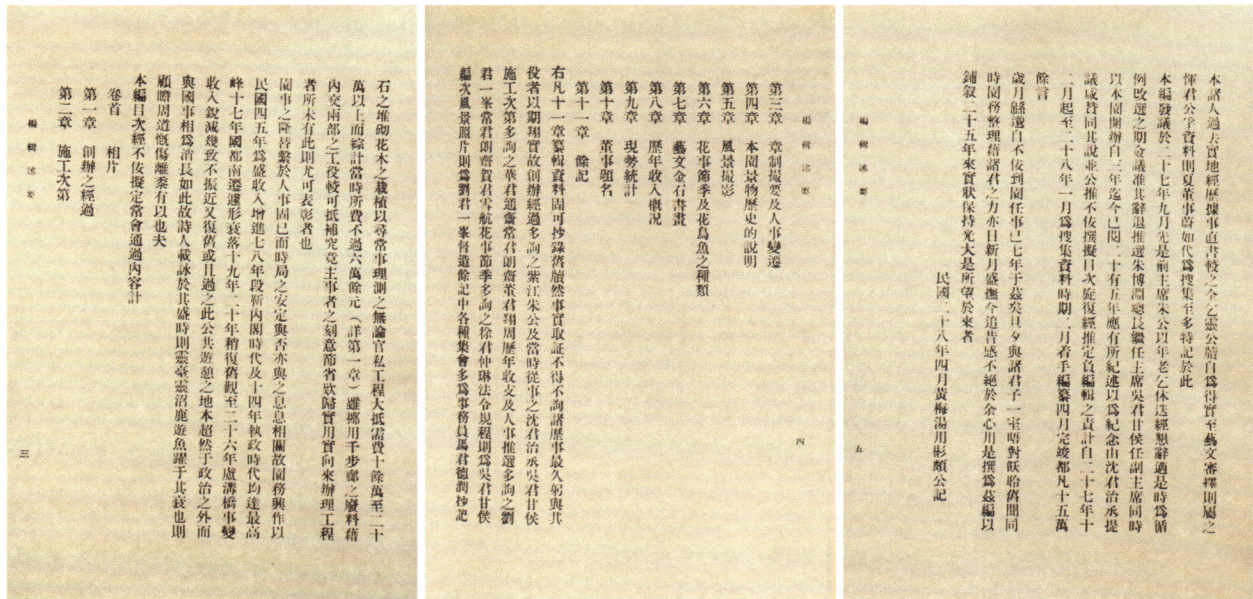

《编辑述要》书影2

於其下植以藤萝，盘绕枝干而上，春夏之交，藤花怒放，妍丽可爱。利用废物，宛若天成。此又一事也。水榭、唐花坞之建，始则因陋就简，后乃更加改造，蔚为钜观。其他亦然。凡事必力求改进，尽美尤期尽善。此又其一也。公园例禁车马出入，夏季多急雨，或绵延彻夜，游人限不得出，则有回廊转折，由北达南，长及里许，以便避雨穿行。设备之周，有如此者。此又其一也。凡此各节，皆足表见当事者之随地设计，因难见巧，未可仅据文字迹象以求。特表露於此。

本园工程，以开办两年内建置为多。凡修桥辟门，凿池堆山，诸钜工均於此期内办竣。至房屋之新建，大小多至百余间，若来今雨轩之崇闳，董事会舍之雅静。各处山石之堆砌，花木之栽植，以寻常事理测之，无论官私工程，大抵需费十余万至二十万以上。而综计当时所费，不过六万余元（详第一章）。虽挪用千步廊之废料，藉内、交两部之工役，较可抵补，究竟主事者之刻意节省，款归实用，实向来办理工程者所未有。此则尤可表彰者也。

园事之隆替，系于人事固已，而时局之安定与否，亦与之息息相关。故园务兴作，以民国四五年为盛，收入增进七八年。段靳内阁时代及十四年执政时代，均达最高峰。十七年国都南迁，遽形衰落。十九年、二十年稍复旧观。至二十六年卢沟桥事变，收入锐减，几致不振。近又复旧，或且过之。此公共游憩之地，本超然于政治之外，而与国事相为消长如此。故诗人载咏，於其盛时，则灵台、灵沼、鹿游、鱼跃；于其衰也，则顾瞻周道，慨伤离黍。有以也夫。

本编目次，经不佞拟定，常会通过。内容计：

卷首　相片

第一章　创办之经过[1]

第二章　施工次第

第三章　章制撮要及人事变迁

第四章　本园景物历史的说明

第五章　风景摄影

---

[1] 当时的编辑工作似不甚规范，"第一章"只见于原书目录，文内并不见标题。——整理者注

第六章　花事节季及花鸟鱼之种类

第七章　艺文金石书画

第八章　历年收入概况

第九章　现势统计

第十章　董事题名

第十一章　余记

右凡十一章。纂辑资料，固可抄录旧牍，然事实取证，不得不询诸历事最久、躬与其役者，以期翔实。故创办经过，多询之紫江朱公及当时从事之沈君治丞、吴君甘侯；施工次第，多询之华君通斋[1]、常君朗斋、董君翔周；历年收支及人事推选，多询之刘君一峰、常君朗斋、贺君雪航；花事节季，多询之徐君仲琳；法令规程，则为吴君甘侯编次；风景照片，则刘君一峰督造；余记中各种集会，多为事务员马君德润抄记。本诸人过去实地经历据事直书，较之全乞灵公牍，自为得实。至艺文审择，则属之恽君公孚；资料则夏董事蔚如代为搜集至多。特记於此。

本编发议於二十七年九月。先是前主席朱公以年老乞休，迭经恳辞。适是时为循例改选之期，佥议准其辞退，推选朱博渊总长继任主席，吴君甘侯任副主席。同时以本园开办，自三年迄今已阅二十有五年，应有所纪述，以为纪念。由沈君治丞提议，咸赞同其说，并公推不佞撰拟目次。旋复经推定，负编辑之责。计自二十七年十二月起，至二十八年一月，为搜集资料时期，二月着手编纂，四月完竣。都凡十五万余言。

岁月绵邈，自不佞到园任事，已七年于兹矣。旦夕与诸君子一室晤对，饫聆旧闻，同时，园务整理藉诸君之力，亦日新月盛。抚今追昔，感不绝於余心，用是撰为兹编，以铺叙二十五年来实状。保持光大，是所望於来者。

民国二十八年四月黄梅汤用彬颇公记

──────────────

[1] 即华南圭。

[整理者点评]

这篇约二千字的《编辑述要》，出自当时公园具体工作的执行者汤用彬手笔。此述要简要回顾了建园二十五年来的工作业绩：其一是"掘池以引水，用其土以为山，即池以为荷，就山以植树"，一改原社稷坛过于肃穆的旧风貌，使其成为适于民众消闲之地；其二是"官署及宰牲所房屋，颓败不堪，积土成堆。因拆去短垣、败屋，扫除积土……以之为山，上盖茅亭，杂以花草"，将前清已然颓败的一些建筑及时修葺，令游人"可以游憩，可以眺望"；其三是对园中古树加以维护，"春夏之交，藤花怒放，妍丽可爱"，达到了"利用废物，宛若天成"的效果；其四是新建水榭、唐花坞等设施，平添了景点和花卉养殖观赏园地，可见朱启钤等创始者们"凡事必力求改进，尽美尤期尽善"的思想境界；其五是禁止车马出入，有现代"人车分流"的新理念，也为游人夏季避雨等实际需要而设置"长及里许"的长廊，可见创办者的设计周到。

卷首相片

民國四年
五月
朱會長與
治副會長
孟副主席
董董事來
園視查工
務後在西
壇門外土
山旁合影

五

朱會長
桂辛

治副會長
鬻清

孟副主席
玉雙

董董事
翔周

民国四年董事合影书影

现任评议部委员
王养怡先生

现任评议部委员
马辉堂先生

卷首相片

现任评议部委员
鲍星槎先生

委员肖像书影1

已故事务管理部课委员
董翔周先生

现任事务管理部课委员
汤颐公先生

现任事务管理部课委员
沈治丞先生

现任事务管理部课委员
方石珊先生

一四

委员肖像书影2

《中央公园廿五周年纪念刊》书影

本园施工次第书影选

《中央公园廿五周年纪念刊》第十三页书影

第二章　本園施工次第

本園原就社稷壇改建稷壇本以壇爲主除拜殿外餘無宏大建築本園開放以後亦祇就原有松柏林中關治道路就其所宜添建軒館亭榭點綴山石荷池然自開辦至今亘二十有五年歲歲改造大而土木建築小而花石布置莫不力求進步令一般遊人有月異而歲不同之感此在始事者主持壁盡及歷屆當事者之努力意匠深密經營其功良不可沒今依開辦以來逐年施工次第筆之於后

民國三年九月至年底止

【一】開關園門　社稷壇位於天安門右側原有社稷街門五楹東向居天安門內時天安門內尚禁交通乃於壇南垣天安門外右側石橋處開關園門一座以爲遊人出入孔道並於天安門左側爲太廟關一假門以與園門相映（按此項工程係由前內務部補助）

【二】修路　自大門內向北修石渣路西折至南壇門止計長五十八丈七尺又修環壇門三百四十一丈將東壇門外北首原有之東西舊墻關一圓俾可環壇循繞無阻

【三】設事務所　就南壇門外左右各有北房三間（按該房係清乾隆二十一年建爲壇官住值

一〇

《中央公园廿五周年纪念刊》第十页书影

【一三〇】完成知樂軒　金魚陳列處加設圍欄工竣並於其門外添堤洋灰磚甬路二條以與長廊銜接並命名知樂軒

【一三一】添設遊船　後河種蓮以水量不能運用自如故荷花不甚發達本年爲點綴園景並增益收入起見乃經劉委員一峯提議添設營業划船經議決先製八艘自開幕後以船隻較少供不應求適天津鄭君有舊船十餘艘正擬出售經查勘木料堅實尚可應用乃又留置十艘（按原係十六艘撥讓北海公園六艘）計先後添置十八艘以備遊人乘坐戲之用並於船碼頭旁添建售票木閣一個又以茅亭爲中心南起便道北至碼頭西接木橋南端堤洋灰磚甬路一條約長十六丈五尺

【一三二】添建新式男女廁所　西壇門內迤南就衛生陳列室旁舊有小房二小間改建新式男女廁所各一處並修整看守房二間東北砌戓段墻二段

【一三三】增建碑石　大門內過廳兩壁原有公園記及董事題名刻石四塊近因入會董事日增而原有嵌石已經刻滿爰將西壁二石依次移置於東壁另於西壁重裝漢白玉石四塊以便陸續題刻

【一三四】花圃間堤石子甬路　園前部花圃道途四達爲露雨泥濘難行遊人椒感不便本年秋間以花間燈臺爲中心分向各路口鋪堤石子甬路四條路各寬八尺中鑲方磚一行四週用石子擺成花紋成做總共長四十三丈七尺

三五

《中央公园廿五周年纪念刊》第三十五页书影

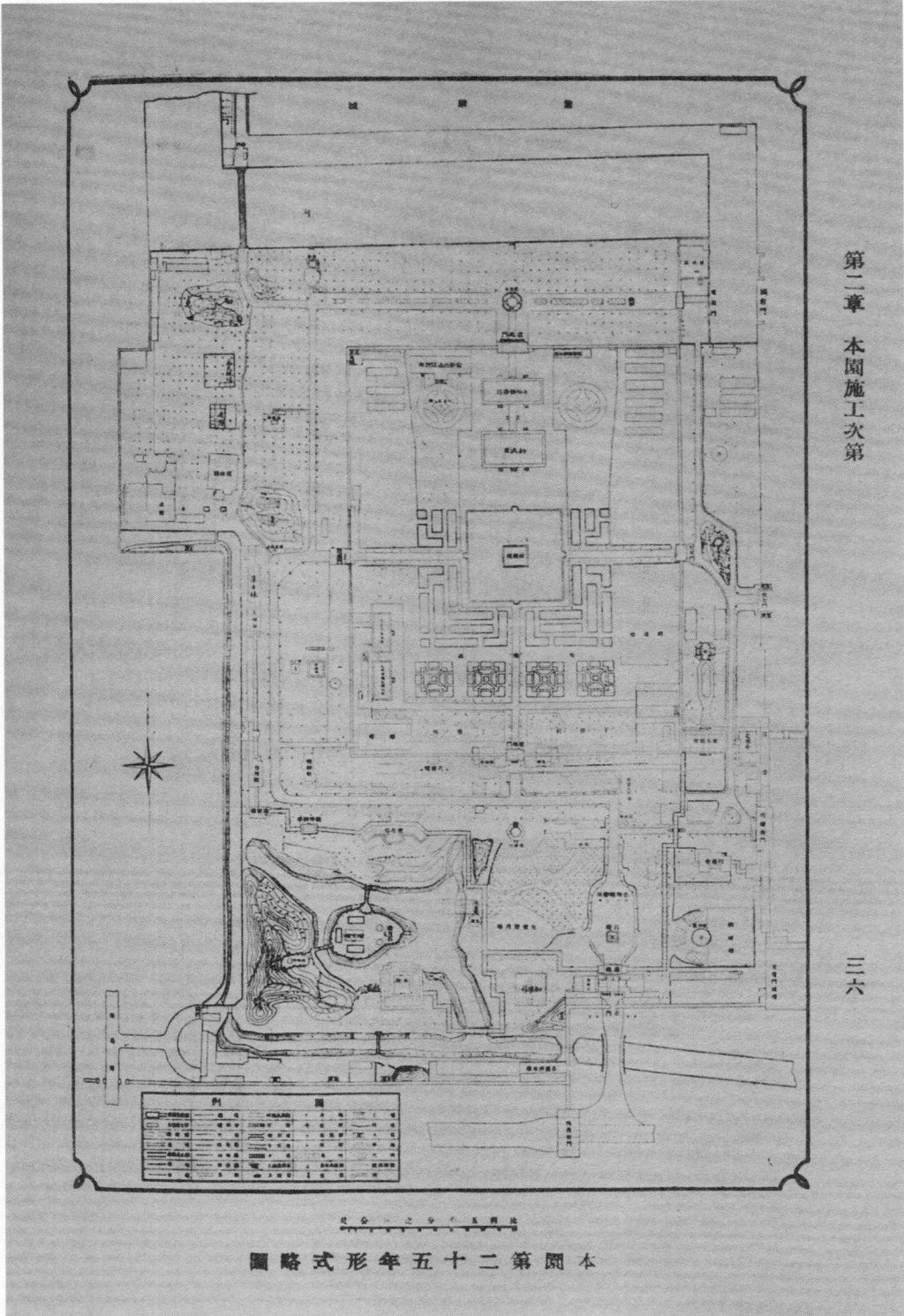

第二章　本园施工次第

三六

《中央公园廿五周年纪念刊》第三十六页书影

本园景物历史的说明及本园风景照片书影选

第四章　本園景物歷史的說明

燕京千年古都歷史文物俯拾即是本園爲稷壇改建舊日遺殿巍然尚存而點綴風景搏起亭榭出各處移來山石花鳥與歷史有關者尤不可數計紀其大略供遊人鑒觀賞玩於以抒懷舊之蓄念發思古之幽情或亦通人所贊許也

【一】五色壇　壇制正方二成高四尺上成方五丈二成方五丈三尺四出陛皆白石各四級（見圖）上成築五色土中黃東青南赤西白北黑土由涿霸二州房山東安二縣豫辦解部同太常寺等驗用內壝四面各一門壝色各如其方之色朱扉有櫺門外各石柱二今扉柱已無存其他則尚存舊制云

【二】社主　社主石質高約三尺五寸上頂斜形中高四寸二分見方一尺五寸五分置於壇之中央社主上頂與壇之五色土平原無覆土露尺餘嗣爲保護遺跡始增土埋藏之

第四章　本園景物歷史的說明

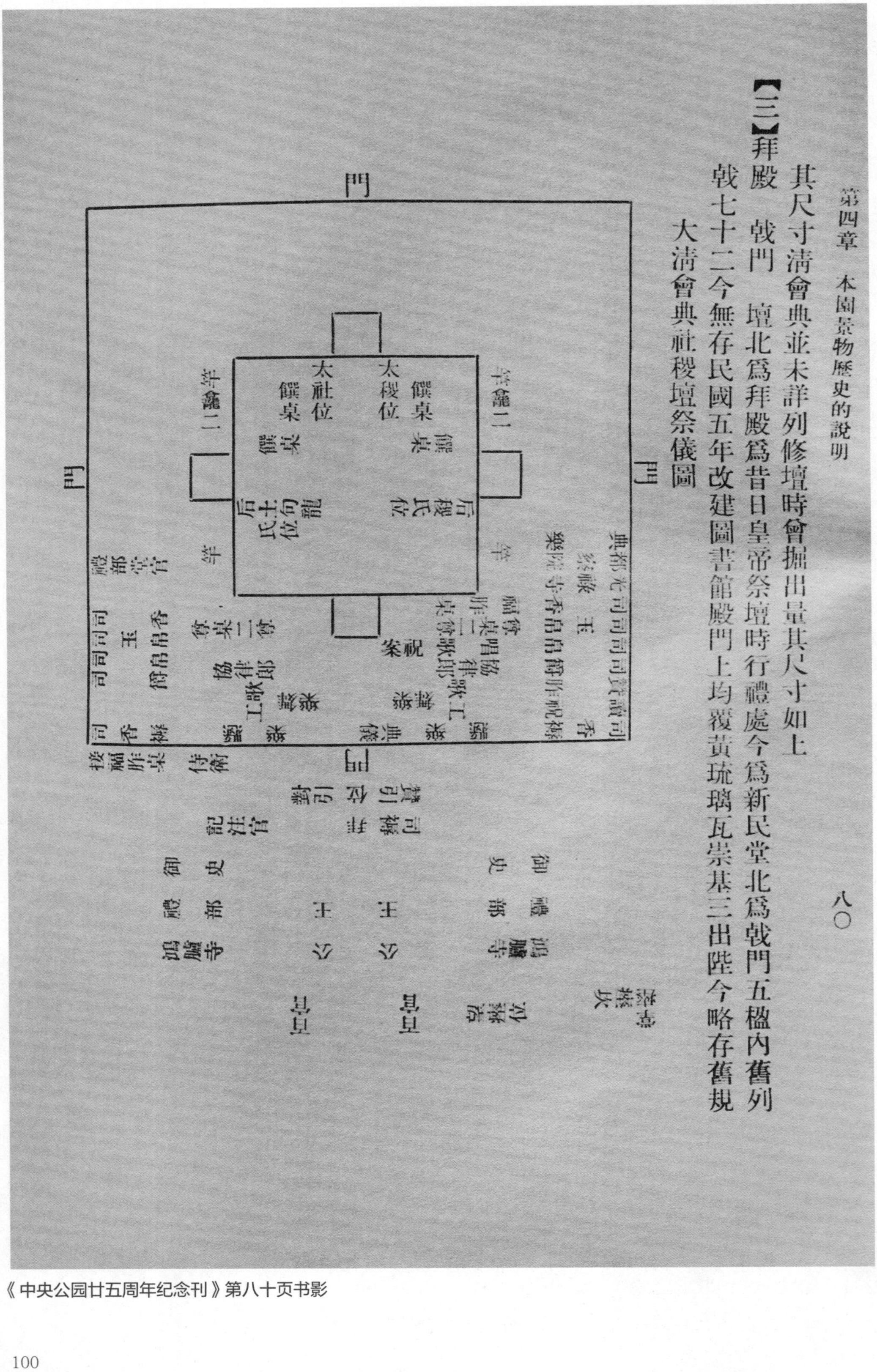

第四章　本園景物歷史的說明

【三】拜殿

其尺寸清會典並未詳列修壇時曾掘出量其尺寸如上

戟門　壇北爲拜殿爲昔日皇帝祭壇時行禮處今爲新民堂北爲戟門五楹內舊列

戟七十二今無存民國五年改建圖書館殿門上均覆黃琉璃瓦崇基三出陛今略存舊規

大清會典社稷壇祭儀圖

八〇

太社位　太稷位
饌桌　饌桌
后土氏位句龍　后稷氏位
尊　尊
案　案祝

門　門　門

【十八】投壺　投壺爲沈董事治丞捐贈現陳列來今雨軒亦多
年古物

【十九】青雲片石　高九尺長十尺圍二丈一尺爲圓明園時賞
齋遺物鎸有乾隆御筆「青雲片」三大字及御題詩詞八
咏現陳列於來今雨軒之西（圖見第五章）

【二〇】梆磚　河南出土物民國四年施肇基督辦致贈致爲前代
名人墓道壙磚磚長方形厚四寸最長者四尺七寸寬一
尺二寸五分小者亦長三尺五寸形狀不一花紋各異（按花紋有堆錦流雲古錢門樓箭
鏤花鳥人物等圖案）　質極堅　實擇其完整者添砌磚腿
作桌狀其旁設繡墩以供遊人　息坐多陳於南壇門外左
右大小十餘塊（見圖）

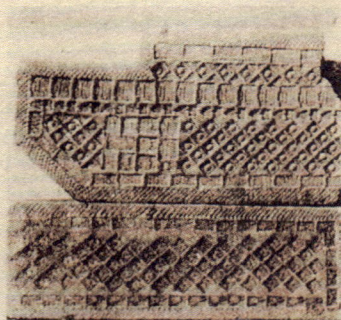

梆　磚

【二一】塞芝石　高六尺圍八尺鎸有　乾隆御筆「塞芝」二字
現陳列於打牲亭前（見圖）

塞　芝

【二二】繪月石　高六尺圍七尺鎸有　乾隆御筆「繪月」二字
現陳列於四宜軒前（見圖）

第四章　本園景物歷史的說明

八九

【二三】青蓮朵石　高五尺圍十尺鐫有乾隆御筆「青蓮朵」三字現陳列於西壇門外土山之旁（見圖）

【二四】來今雨軒後山石　此山石爲粤中劉姓老人所堆造劉老人於民國四年來游京師年已八十爲人能詩善畫尤長堆礨襐賞本園景物佳勝請於朱董事長願堆此山石以爲紀念所作極玲瓏趨透之觀竝稱殊勝舊都堆石名家咸自謂不及云（圖見第五章）

【二五】松柏交翠亭石山　壇東門外松柏交翠亭所堆山石爲民國四年倩日本專家所堆造一切備其東洋作風看似平庸實奇崛成如容易郤艱辛堪　以移評此作

【二六】金帶圍芍藥　民國八年本園由朝鮮釜山中華領事館移來時花大徑尺與群芳譜所記宋著久未得其性故其花之大終未能如辛領事所云云

【二七】太平花　『清高士奇天錄識

九〇

賀董事雪航關董事霍初
蓮據辛領事寶慈云在釜山
朵花相合惟以土脈關係藝
未能如辛領事所云云

餘」太平花出劍南似桃

繪

月

朱启钤与北京中山公园

第五章 本園風景照片 第五章 本園風景照片

門大園本

第五章 本園風景照片

會事董園本

九五

坊石勝戰理公

九八

石湖太片雲青

《中央公园廿五周年纪念刊》第九十五页书影　　　　《中央公园廿五周年纪念刊》第九十八页书影

《中央公园廿五周年纪念刊》第一百页书影

《中央公园廿五周年纪念刊》第一百零二页书影

第五章 本园风景照片

社稷坛全部及大殿

丁 香 林

一〇四

《中央公园廿五周年纪念刊》第一百零四页书影

第五章 本园风景照片

唐 花 坞 二

唐 花 坞 唐 花

一〇七

《中央公园廿五周年纪念刊》第一百零七页书影

第五章　本園風景照片

桥　廳　北　望

知樂榭旁之長廊

一一一

第五章　本園風景照片

春明館亭廊

水榭東橋廳

迪廊亭

水　榭

四宜軒木橋

一一二

《中央公园廿五周年纪念刊》第一百十一页书影　　　　《中央公园廿五周年纪念刊》第一百十二页书影

《中央公园廿五周年纪念刊》第一百十四页书影　　　《中央公园廿五周年纪念刊》第一百十五页书影

本園前部
風景
民國八年
攝影

第五章　本園風景照片

左自檜影樓起以及蘭亭碑亭前爲竹塘後
爲柏樹林再右爲舊唐花塢及通四宜
軒之木橋山石水禽籠並水榭全
景面禁城天安門端門午門
暨露於柏樹林之次
（按此時尚未建
造長廊）

二七

本園西南隅
全部風景
民國十四年
攝影

第五章　本園風景照片

左自水榭東橋起而及於水榭四宜軒
河塘全部舊唐花塢長廊水禽籠並
遙望迎暉亭檜影樓諸景
（按此時已建長廊尚未
造於水榭）

二八

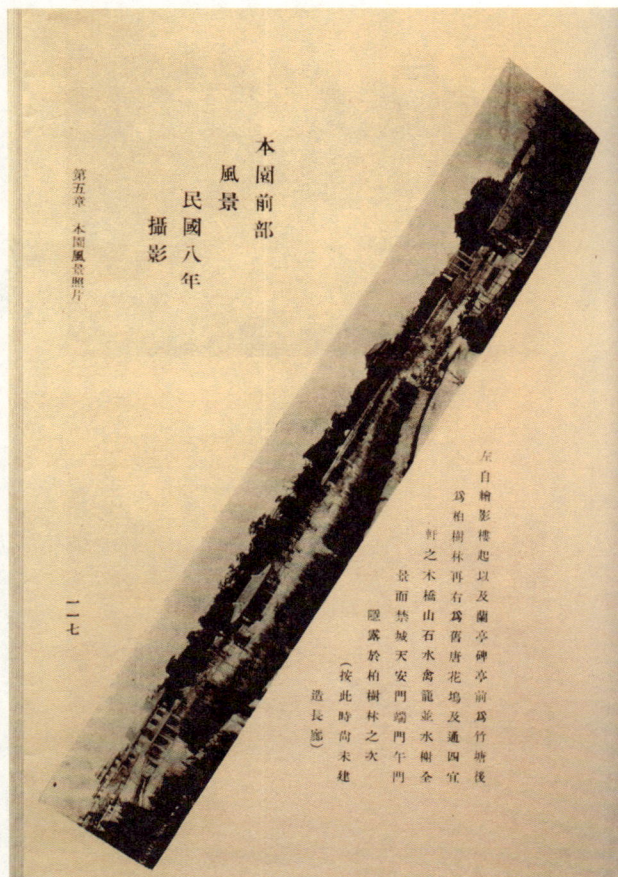

《中央公园廿五周年纪念刊》第一百十七页书影　　　　《中央公园廿五周年纪念刊》第一百十八页书影

附录

北京市中山公园简史
（1913—2024）

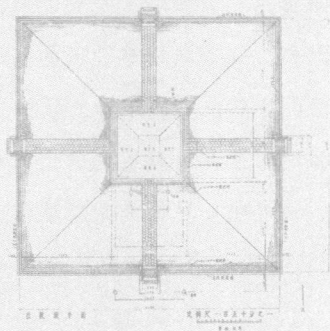

1914 年，顺时代之变，皇家社稷坛被辟为北京第一座对公众开放的城市公园，成为北京由古都迈向现代化的事件与标志之一。

创建时期（1913—1937）

朱启钤创办北京中山公园，可追溯到 1906 年。朱启钤在其撰写的《一息斋记》中回忆了与公园结缘的大致过程。《一息斋记》开篇介绍了一息斋的位置，"屋三楹，在坛壝南门外巽位[1]，本为宿卫之所"。光绪三十二年（1906）丙午，其任巡警部内城厅丞。这个职位在清末负责掌管厅务和内城警政。"夏至大雩[2]，恭逢德宗圣驾亲行，昧夜[3]率所属入坛警跸，待漏于此"。应该说这时朱启钤先生就关注到社稷坛。辛亥革命后，中华民国临时政府与清政府在北京会同订立了对清室的优待条件，规定大清皇帝逊位后，迁居颐和园，但直到 1913 年初也未能执行。因此，皇城以内仍为禁区。同年 3 月 29 日，清朝最后一位太后隆裕太后病逝，定在太和殿举行公祭。公祭期间，负责天安门内外指挥事宜的交通总长朱启钤巡视至社稷坛，看到坛内场地宽阔，殿宇恢宏，古柏参天，且地理位置优越，地处天安门之右，东、西长安街之中，后滨御河、紫禁城，交通便利，如今却荒秽不堪，深感如此名地，废置可惜，遂萌生辟建公园的想法。

1913 年 10 月朱启钤调任内务总长。次年春，热河行宫的古物陆续运来北京，在商议安置办法时，朱启钤建议由他出面与清室交涉成立古物陈列所。交涉成功后，将已收归民国的紫禁城前朝部分效仿外国先例改为博物馆向公共开放。1914 年秋，朱启钤正式建议将社稷坛开辟为公园。

1914 年，《市政通告》刊登了一批文章，介绍世界诸国建设公园的情况，更对建设公园的作用进行了阐述。文章直接点明城市公园的最基本功能，传达出关键信息：公园是近代城市的标志之一，中国也

---

[1] 巽：东南方。
[2] 雩：古代求雨的祭祀。
[3] 昧夜：凌晨 3 点至 5 点。

必须有自己的公园。北京城也确确实实需要建公园，中华民国成立后市民几乎没有什么娱乐场所。民国初期的城市交通尚未发展至今日的发达程度，在当时去陶然亭，相当于到郊区。因此，在靠近居民区的地方建立公园已经成为必要。北京的气候也需要建设公园。因为靠近黄土高原，蒙古的沙尘暴经常自西向北席卷北京，使得京城气候干燥，尘土非常多。公园恰好可以满足抵挡风沙的需求。另外，当时的公园建设倡导者还希望公园可以承担一些社会教化功能。可以说，公园的建设已成为当时社会关注的焦点，也承载了人们诸多愿望。

经过京都市政公所大规模的宣传活动，创立公园的舆论条件已然成熟，但现实难题也随之而来。第一个问题是用地紧张。数百年来，北京作为首都用地已经饱和，城墙内几乎没有可以新建公园的空地了。第二个问题是资金来源，当时的政府没有足够的资金用于公园建设。解决这两个问题的压力，迫使京都市政公所开始考虑从旧时代皇家禁地着手。

不到 6 个月，市政公所筹款 4 万余元，捐款的来源主要是政商人物和社会名流，其中以徐世昌、黎元洪、张勋、朱启钤等最高，每人捐款在 1000 至 1500 元。捐款的机构有交通部、财政部、中国银行等。[1] 在经选举产生的执行委员会的领导下，辟建中央公园的工程开始启动。由于社稷坛内荒草丛生，为补充经费开支不足，使公园尽早开放，应朱启钤的请求，步军统领江朝宗指派工兵营全营士兵来坛协助清理，从 9 月中旬开始，仅以十几天的时间，清理庭园、辟建南门、平修道路等工程均大致完工。社稷坛于 1914 年 10 月 10 日正式对外开放，经政府批准定名为中央公园。

公园开放第一天，大门前交叉悬挂两面五色国旗。京师警察厅派来 200 多名警察维持治安；为保障安全，市内 20 多家"水会"提前两天入园支搭席棚，设置消防用具，太平缸贮满清水，每家"水会"的会员都穿着水字号坎肩。当时园内虽无亭台楼榭、茶馆酒肆，但社稷坛原形尚存，祭祀时皇帝行经的御道、陈列的祭器还一一如旧，市

[1]《北京市中央公园事务报告书》，1936 年，第 3—4 页。

民为先睹帝王禁地之景况，来观者非常踊跃，数以万计。

为继续整治庭院，修建景观，公园除每星期六、日和特令开放外，平日并不开放。兴建公园工程浩大，所需费用甚多，而政府财政困难无力拨给专款，又不能旷日等待，委员会决定继续以民间筹款的形式建设公园，向党、政、军机关部院、旅居绅商等社会各界发起募捐。捐启发出后至1915年3月，不到半年即募款4万余元。当年秋季，因需建的工程尚多，第一次募集款数不敷支出，又发出第二次募捐启事。募捐者除第一次发起人以外，又加入许世英等35人。启事发出后续有所得，至1916年夏共募集资金5万余元。在此期间，市

1915年至1924年，绘影楼东门

政公所补助经费 1.32 万元。公园开放后，依靠门票和房屋租金等收入维持日常开支，辅以董事捐款。

公园创立之初并无章制，由朱启钤一人独自指挥管理，有时调用内务部三五人协办，临时以南坛门外东侧的 3 间小屋为办公地，如此延续数月。1915 年 3 月，在市政公所的委托下，召开了公园的第一届董事会议，由旅京绅商组成董事会，共选定常任董事 43 人，推举朱启钤为首任会长，拟订了《中央公园开放章程》。4 月 5 日经内务部批准公布后，公园的一切事务即由董事会管理。《中央公园开放章程》清晰地规定了公园管理范围、管理机制、经费来源与使用、与京都市政公所及京都其他机构之间的关系。《章程》第一条规定："将天安门以西旧社稷坛一带地方开放，定名曰中央公园，为京都人士游息之所。由京都市政公所委托京师市民及旅居绅商组织董事会经营管理，以共谋公众卫生，提倡高尚娱乐，维持善良风俗为宗旨。"[1] 界定了公园范围为"天安门以西旧社稷坛一带"，名为"中央公园"，明确由京都市政公所委托董事会经营管理。宣布中央公园董事会组织成立，并将董事章程及常任人员姓名报京都市政公所核准备案并公布。

1928 年 6 月，北平特别市政府成立，中央公园归市政府管辖，并派葛敬应、王业璋为接收委员。经公园董事会副会长吴炳湘与市长何其巩商议，决定免于接收，但须改订董事章程，董事会改为委员会，并由市政府派委员 2 人共同管理公园。董事章程遂按市政府令改订为《中央公园委员会章程》。

中央公园第一届董事会（1915 年 3 月 21 日推举）

会长：朱启钤

副会长：治格

中央公园第二届董事会（1916 年 4 月推举）

会长：朱启钤

---

[1] 中山公园管理处：《中山公园志》，中国林业出版社，2002 年，第 284 页。

副会长：吴炳湘

中央公园第三届董事会（1921 年 1 月 14 日推举）

会长：朱启钤

副会长：吴炳湘

中央公园第四届董事会（1928 年 2 月推举）

会长：朱启钤

副会长：吴炳湘

中山公园第一届委员会（1928 年 9 月推举）

主席：朱启钤

副主席：吴镜潭

中山公园第二届委员会（1930 年 9 月推举）

主席：朱启钤

副主席：孟玉双

中山公园第三届委员会（1932 年 9 月推举）

主席：朱启钤

副主席：孟玉双

中山公园第四届委员会（1934 年 9 月推举）

主席：朱启钤

副主席：孟玉双

中山公园第五届委员会（1936 年 9 月推举）

主席：朱启钤

副主席：孟玉双

1923年以后的内坛南侧

在社稷坛改建公园的过程中，经始者精心规划，择其所宜开辟园门、道路，增建亭台楼榭、轩馆廊坊；点布假山名石，铺筑花池绿地；搜集花鸟鱼虫，饲养珍禽异兽；挖塘引水，起土堆山，即池栽荷，就山植树。采用内坛外园的设计思想，借助社稷坛原有三重合围的格局，在内坛墙的内侧保留社稷祭坛以及祭祀时的附属建筑，在内坛墙外侧集中新建景区。内外景区依靠内坛墙上的四个坛门相通，既保护了现存唯一的国家级社稷坛的历史风貌，又通过局部的改造将社稷坛建设成为具有现代意义的公共园林。

中央公园设计之初，在造园手法上，采用中国古典园林建设方式，陆续新建、复建、移建、改建了一批各具特色的景区景点。在功能和定位上借鉴了国外公共园林的经验，建设了公共文化设施、体育建设设施、休闲餐饮设施、动物观赏设施。1914—1937年是公园建设的第一个高峰时期，这一时期的主要建设见下表：

时间	项目
1914	开辟园门、修路；设事务所、售票所；建茅亭、鹿棚；维修打牲亭；自清河运来云片石 300 余车。
1915	建唐花坞、大木桥、园后门；移建习礼亭；建六方亭（松柏交翠亭）、投壶亭、碧纱舫、来今雨轩、春明馆、绘影楼、扇面亭、国花台、大鸟笼、警察所、格言亭、行健会馆舍。
1916	挖河，堆山，建砖桥、水榭，设卫生陈列所、图书阅览所。
1917	建西部商房、水鸟笼、兰亭碑亭、花洞，堆砌荷池驳岸，建厨房、宿舍。
1918	建孔雀笼、停车场、坛内花洞、迎晖亭，移石狮于南门。
1919	移保卫和平坊，改建球房、董事会南厅及餐堂，建监狱出品陈列处。
1920	添建花洞、宿舍。
1921	添建球房、仓库、厨房、宿舍。
1922	建园前门罩棚，改建售票所、兑换所，修西部园墙，建西部女厕。
1923	修缮拜殿，收回遛球场，铺墁砖路，建哈丁纪念碑。
1924	建过厅长廊、大门内罩棚、井亭、后河墙铁栅栏、宿舍。
1925	铺墁砖路，修后河墙及西部铁栅栏、营业房、冰窖、厕所、花洞、宿舍。
1926	建来今雨轩罩棚、茶炉房、职员宿舍，改建投壶亭。
1927	修石灯座栏杆，运云片石，修河岸。
1928	建水榭南厅，堆山石；刻《中央公园记》及董事题名刻石 4 块；修整芍药台，修路。
1929	维修拜殿，建花圃、蔷薇廊，建儿童体育场。
1930	修松柏交翠亭，添建宿舍。
1931	建水榭东长廊、桥上过厅，油饰长廊，建网球场、高尔夫球场，移建花洞、孔雀笼，小六方亭，堆山石，建荷池东北岸栏杆。
1932	修与中山公园东墙毗邻的天安门内西朝房，添建儿童游戏器具，修缸砖路。
1933	在习礼亭土山西堆山石，园门前竖旗杆，建熊屋。
1934	修洋灰砖路、宿舍，孔雀笼内堆山石。
1935	重建水榭过厅，建停车场罩棚，改建暗沟，设铁围栏。
1936	重修唐花坞，改建鹿圈，修洋灰砖路。
1937	修环坛路道牙，添建花洞、牡丹棚，做道牙、鹦鹉架，修金鱼陈列处，修洋灰砖路，堆山石。

1926年的四宜轩

1927年以后的五爪石灯台

民国时期喷水池东南侧

从1914年至1937年，年年更进，其中尤以1915年工程量为最大，基本奠定了公园大致格局。

中央公园自开放以后，其主要游园形式仍体现了中国古典园林的传统游乐内容，如赏景、宴集、品茗、下棋、钓鱼、听乐等，与其景观环境非常相宜，正如朱启钤先生在其《中央公园记》中所写"园规取则于清严偕乐，不谬于风雅"。为体现这一建园主旨，园中除设置服务游人的餐饮场所、商店之外，更设置供游人参观、活动的卫生陈列所、图书阅览所、书画展室等文化服务设施。文宴笔会、游园会、展销会、文体活动轮番举办。京派美术社团从1928年至1936年在公园举办美术展览就有70次。到1936年，中山公园不但得到北京各界人士和公众的大力推崇，更成为当时文人重要的诗赋聚会场所。

为了满足游客的需求，自1914年开始先后开设了诸多商店，如来今雨轩的华星餐馆、公园西部的长美轩饭馆、柏斯馨咖啡馆、春明馆茶点社、同生照相馆、瑞珍厚古玩字画店、秀珍斋古玩玉器店、维宝文玩字画店、有正书局及集贤山房、庆记糖果局、义记糖果亭、逸乐糖果亭、松涛啤酒店、南洋兄弟烟草公司、中华汽车修理行、天河冰窖等。

著名学者邓云乡曾回忆说，当时来中山公园逐渐成为一种习惯。特别是在公园开放后的短短几年，在这里诞生了一大批重要的政治、社会、文化、学术团体。这些团体对日后中国的政治生活、文化生活起到不可忽视的作用，而公园的创立为这些团体提供自由交流、活动的平台，促进其发展、壮大。主要社团组织有：

行健会，北京最早的民间体育组织，其名从《易经》中"天行健，君子以自强不息"而来，成立于1915年5月。开始由公园董事长朱启钤和董事曾叔度、张仲仁提议设立，组织地址设在南门内东侧。行健会设有棋、球、投壶、阅报室，室外设网球场2

民国时期春明馆亭廊

南坛门

民国时期，自水榭北望唐花坞

个，射圃1处，供游人使用。行健会实行会员制，会员交一定数目的会费即可参加所有体育活动。1928年前后为最盛时期，会员约数百人。著名京剧表演艺术家程砚秋、金少山、叶盛兰经常来此打太极拳。会员还组织了网球、篮球、足球代表队，与欧美同学会等代表队比赛。行健会前后开办了35年，于1950年停办。

民国时期神库、神厨

1926 年行健会旧址

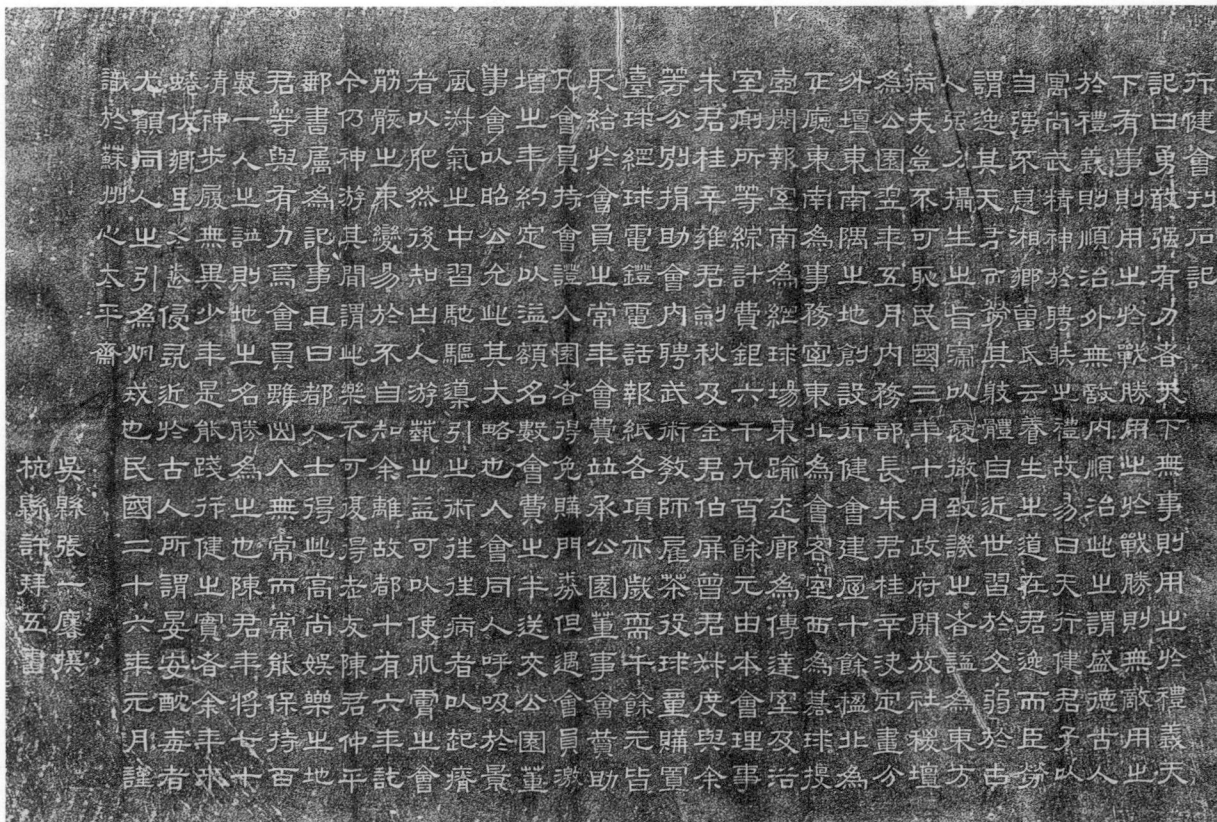

《行健会刊石记》拓片

卫生陈列所，北京最早的群众防病知识宣传阵地，成立于 1915 年。陈列展品分为 10 组：衣服卫生、饮食卫生、居住卫生、儿童卫生、卫生常识、胎生、花柳病、肺痨、传染病、医药。在社稷坛西南角（神库）内陈列各种实物、标本等，对社会公众开放。1931 年 5 月 29 日至 6 月 2 日，民国政府公安局在中山公园举办第五次卫生运动大会。[1] 1933 年该所隶属北平特别市卫生处。

中国画学研究会，成立于 1919 年，由著名山水画家金北楼任会长，周肇祥任副会长，成员 200 多人，汇集了当时享有盛名的一批画坛大师，包括秦仲文、吴敬亭、徐燕孙、徐宗浩、王雪涛、汪慎生、周怀民、李苦禅等人。研究会每月逢三、八为例会，地点便在来今雨

[1] 杜丽红：《20 世纪 30 年代的北平城市管理》，博士学位论文，中国社会科学院研究生院，2002 年，第 76 页。

轩茶社东侧的厢房内。他们还每年做一次评选，择优展出作品。画学会历时 30 余年，每月出一期会刊，名为《艺林月刊》。中华人民共和国成立后这一组织改为中国画院，徐燕孙为副会长。

文学研究会，新文学运动中最为重要的文学社团，1921 年 1 月 4 日在北京来今雨轩正式成立，是"五四"新文学运动中最早成立的文学社团，因其成员多、影响大，在流派发展上具有鲜明突出的特色。发起者有郑振铎、沈雁冰、许地山、王统照等。后来陆续发展的会员有冰心、黄庐隐、朱自清、老舍、刘半农、刘大白、徐志摩等 170 余人。它的发起者与参与者不乏对中国新文学运动有卓越贡献的人物。

光社，民国初期著名的摄影社团，1923 年由陈万年、黄振玉发起成立。1924 年 6 月 13 日，光社在来今雨轩举办了第一次摄影展，开启了中国艺术摄影史上的首展。此后至 1932 年又先后举办了五届摄影作品展，观众人次有五六万。

中华图书馆协会，1925 年 4 月 12 日，由蔡元培、梁启超、陶行知等 56 人在来今雨轩发起，并成立了筹备委员会，这使中国图书馆进入一个新的历史发展阶段。

中国营造学社，第一个研究中国古代建筑的学术团体，成立于 1929 年 6 月，由朱启钤创办，1932 年迁入中山公园租用社稷街门南的旧朝房办公。学社下设法式组、文献组，分别由梁思成、刘敦桢主持，主要工作成员有刘致平、邵力工、单士元、莫宗江、陈明达、赵正之、陈仲篪、王璧文等。学社创办的古建工程学术刊物《中国营造学社汇刊》，为中国近代园林古建工程研究奠定了坚实的基础。

中国书学研究会，北京最早的一个书法学会。1936 年，黄河决堤，灾民无数。时任古物陈列所所长、中山公园董事的周肇祥发起义赈活动，资助灾区。北平文化名人纷纷响应，在中山公园举行书画展销。大家当场泼墨挥毫，不论尺寸大小，一律大洋五元，成为北平书坛一件盛事。"七七事变"后，这些文人忧国忧民，无奈身单力薄，故以书法义卖为契机成立书学会，每半月活动一次，推举周肇祥为会长，地点与画学会的相同。大家每次携带自己的书法作品到会，或评论，或讲学，或义卖。1939 年因日寇猖獗而停办。

此外，公园也成为组织政治集会、宣讲思想主张的理想场所，其中诸多社会组织诞生于国内外局势动荡的时期。为唤醒国人、救亡图存，在公园内多次举行爱国活动，诸如：

中国共产党早期革命活动

李大钊、陈独秀等中国共产党早期领导人曾多次在园内组织或参与活动，传播马克思主义进步思想。1918 年 11 月底，李大钊在北京中央公园发表了《庶民的胜利》演讲。1920 年 8 月 19 日，李大钊到中央公园来今雨轩出席由少年中国学会召开的北京会员茶话会并在会上发表讲话，略为：少年中国学会，原先是研究学问的团体，思想自由，各自信奉的"主义"也可以不一致；只是近两年来，世界思潮有了明显的倾向，而国内应运而生了无数小团体，都各有鲜明的旗帜；本会同人已有两年的切实研究，对内对外，似乎都应有标明本会主义的必要，凡是主义不明，对内既不足以集合全体会员的心志，对外更不能同其他人进行联合行动等。[1]

1919 年 6 月 9 日，陈独秀起草了《北京市民宣言》，连夜赶到印刷厂，印成中英两种文字的传单。次日，陈独秀秘密携带传单到中央公园来今雨轩散发。[2]乘吃茶的人离开茶座时，陈独秀偷偷地把《宣言》放在桌子上，用茶杯压好。[3]茶客返回到原座位，或者有新茶客落座时，看到传单便会读起来。陈独秀和高一涵见此情景，不禁激动万分。[4]

反帝反军阀斗争

公园是反帝反军阀斗争的发生场所。1924 年 7 月 13 日，北京学生联合会、北京社会主义青年团、马克思学说研究会等 50 多个团体的 230 余名代表在公园召开大会，宣布反帝国主义联合战线的北京反帝大联盟成立。大会通过了《致英美日法等国政府电》《致世界被压

---

[1] 杨琥：《李大钊年谱》（上），云南教育出版社，2020 年，第 797 页。

[2] 中共北京市委党史研究室、北京市地方志编纂委员会办公室：《红楼风云人物》，北京人民出版社，2021 年，第 6 页。

[3] 祝彦：《陈独秀在中央公园散发传单》，《党史文汇》2001 年第 1 期。

[4] 熊坤静：《陈独秀五次绝境逢生》，《世纪风采》2010 年第 1 期。

迫民族书》等文电，反对帝国主义的对华侵略政策，要求废除一切不平等条约。[1]

反日爱国活动

园内多次爆发声势浩大的反日爱国活动。1915 年，为抗议日本向中国提出的"二十一条"，数以万计的北京市民在中央公园聚集，号召抵制日货，募集救国储金，储金大会的参与者最多达到了 30 万人。[2]

五四运动中，公园的政治功能进一步凸显。巴黎和会将德国在中国山东的权益移交给日本的消息传回国内，引发了民众的极大愤慨。1919 年 5 月 3 日，北京国民外交协会决定于 7 日在中央公园召开国民大会，正式要求北京政府拒绝巴黎和会决议。[3]6 月 7 日，国民外交协会终于冲破阻力，在中央公园举行了国民大会。各界代表 2000 多人到会，议决拒签和约、取消廿一条、惩办国贼、提倡国货等 6 条主张。会场上登台演说者"慷慨悲歌，闻者咸为扼腕"。[4]

1925 年五卅惨案发生，熊希龄倡建"沪案失业同胞救恤会"，6 月 13 日在中央公园开成立会，会上议定于 25 日在天安门前集会，祭奠死难同胞，声讨日本帝国主义的罪行，集会之日，参加者达 10 万人。[5]

1928 年，北伐军胜利北上，日本军阀唯恐失去侵略营地，两次出兵济南、青岛。1928 年 7 月 5 日，北平各界在中央公园召开追悼蔡公时暨济南惨案外交死难诸烈士大会，并决定在公园内建立纪念碑。1929 年 5 月 4 日，北平各界在中山公园举行济南惨案周年纪念追悼大会。

1931 年 9 月 18 日，日本关东军占领沈阳，制造了震惊中外的"九一八"事变。9 月 22 日，北大学生为抗议日军侵略罢课一天，学

---

[1]《反帝国主义大联盟会刊》，《近代史资料》1963 年第 2 期。

[2]《北京第二次救国储金大会》，《申报》1915 年 5 月 28 日。

[3] 石桂芳：《民国前期的公园政治化——以北京公园为例》，《社会科学战线》2016 年第 9 期。

[4]《昨日中央公园之国民大会》，《晨报》1919 年 6 月 8 日。

[5]《北京来电》，《大公报》（长沙）1925 年 6 月 27 日。

生分成四队分别到东四、前门等闹市区游行讲演。9月23日，全市大、中、小学校学生自动停课一天，参加中山公园各界抗日救国大会。学生们均臂缠黑纱，并佩戴"誓死救国"字样，全市下半旗志哀，停止一切娱乐。[1]

困境中坚守（1937—1949）

1937年6月6日，陕西易俗社演出队到达北平。6月8日，在中山公园的来今雨轩举行了新闻发布会。7月7日，秦腔戏剧作家封至模（1893—1974）在《京报》发表文章说道："文学是时代的反映，戏剧是大众意识的表征，在家破国亡的时候，是冲锋破敌的号角……唯一的希望，是不要把它当作过去的历史看……""民族危亡之际，我们只有大声呐喊着：山河破碎了！快还我河山吧！"这席言论充分体现了一位艺术家的爱国情怀和凛然正气。北平新闻界及戏剧界名流汪侠公、翁偶虹、吴幻荪等数十人出席演出。易俗社此次在北平演出，真可谓一炮打响。尤其是《山河破碎》《还我河山》两剧，剧情动人、服装崭新、阵容宏大，令北平军民耳目一新。7月8日，在隆隆炮声中，易俗社的全体演职人员乘坐最后一班火车，告别北平，载誉返陕。

1937年7月3日在中山公园春明茶馆，曾经有过一次特殊的漫画展。参与者张启仁先生（原中央美术学院副院长）于1982年以真实的情感、写实的笔触，回忆了这次特殊的展览。原文如下：

一九三七年七月三日至七日，也就是"七七事变"前夕，在北平中山公园春明馆的五间屋子里，由爱国青年漫画家孙之俊、叶浅予、张振仕、梁津等发起和组织了北京历史上第一次漫画展览会。会上展出的一百三十多幅展品中，有北平孙之俊、张振仕、梁津、王青芳、张启仁、陆鸿年、陈志农、刘凌沧、吴一舸等人

的作品。有北平"五三"漫画会王石之、王君异、蒋汉澄等人的
作品。还有来自上海的叶浅予、华君武、陆志庠等人的作品及来
自天津的高龙生、朋弟、窦宗淦、辛莲子等人的作品。

……

画展不到两天已轰动了全市。展览会原定三天，第三天北平
各报馆爱国记者纷纷来访，反映观众意见，要求延长几天，但租
用展室是要付钱的，孙之俊、张振仕等经和大家研究，决定以当
场为观众画像集资，于是，我们把每个画家的素描头像摆出来，
观众愿找谁画就找谁，每幅一元，孙之俊画了六张，张振仕画了
三张，这样房租的问题就解决了。最后一天，观众更多了，闭馆
时还迟迟不肯离去。

……

七月七日晚，"卢沟桥事变"发生了，画展也正是在这天闭
幕，在当时的历史条件下，它起到了鼓舞群众，宣传抗日，打击
日寇和汉奸的作用。

"七七事变"后，北平沦陷。中山公园和北京城一样陷入了长达
八年的社会动荡时期。这一阶段应该说是中山公园发展历程中最困难
的一个时期，经费匮乏，园内建筑残损，园林荒废，景物萧条。

1937年10月复奉令将中山公园改为"中央公园"。1938年2、3
月间，伪北京市公署据"新民会中央指导部"的公函，强行将中央公
园中山堂改为新民堂，即行修改匾额文字。经公园第117次委员会议
定即行照办，"新民堂"匾额由恽宝惠题写，并于3月28日将办理情
况和修改后的匾额照片呈报伪市公署备案。继之，又将《中山堂借用
章程》改为《新民堂借用章程》。这一时期中山公园委员会主席朱启
钤面对日伪的威逼利诱坚决不答应出任伪职，1938年9月，朱启钤
先生卸任中山公园委员会主席一职。

中山公园第六届委员会

（1938年9月18日推举）

主席：朱博渊

副主席：吴承湜

中山公园第七届委员会

（1940 年 9 月 8 日推举，20 日市公署核准）

主席：朱博渊

副主席：吴承湜

中山公园第八届委员会

（1942 年 9 月 20 日推举，10 月 9 日市公署核准）

主席：朱博渊

副主席：吴承湜

中山公园理事会理事及评议员名录

（1947 年 4 月 13 日成立）

当然理事：温崇信、谭炳训、韩云峰、张鸿渐、汤永咸

聘任理事：朱启钤、夏蔚如、刘一峰、方石珊、朱侠黎、许惠东、余昌、孙锡三、刘南策、刘千里、邓萃英、邓继禹、陈伯欧、关铨林、谢道仁、林尊鼎

经全体理事票选：朱启钤、张鸿渐、刘一峰、方石珊、邓继禹、温崇信、朱侠黎 7 人为常务理事。复由常务理事票选张鸿渐为理事会主席。

尽管压力重重，公园还是有针对性地对日伪政府的某些决定进行有效抵制。1942 年 1 月，日伪新民会中央委员会发起"中日亲善""大东亚共荣"为主题的歌曲征选活动，并决定在中央公园内建一音乐堂作为中选歌曲演出场地。建筑原拟为日式建筑，因与社稷坛的整体形式相差太大，破坏社稷坛的建筑格调，在无法抵制的情况下，经多方托人疏通，日方才同意建一简易露天剧场。

1938 年中山公园还积极筹措资金添建花洞、牡丹棚，修道牙，

建鹦鹉架，修金鱼陈列处，修洋灰砖路，堆山石，建"知乐榭"，铺墁石子、甬路，修厕所，并坚持对外开放。1938 年 2 月 12 日至 14 日灯节期间，公园为弥补亏空举办春节游园会，重建唐花坞的旧债亦尚未还清，借举办游园会筹资。园内点缀冰灯、火判、麦芽人物，放焰火、花盒等。门票每券售国币 2 角，附带赠彩，函请各董事及名画家捐赠中奖彩品，计收奖品 360 件。此次游园会在《新民报》《时报》《新兴报》上刊登广告，在电车上张贴广告，在电台广播广告。会期共 3 天，计收票款 4300 余元（旧币），点缀开支用 700 元（旧币），成绩甚佳。1939 年春节时如期举办，票价仍为 2 角（旧币），但收入不如上年，售票 10977 张，收票款 2195.4 元（旧币）。1939 年 4 月 2 日，公园第 130 次委员会议根据刘一峰委员提议，为了弥补损失，决定利用后河 50 亩水面添设划船业务。会后即行筹备，由北海公园介绍造船商人刘俊德估价承制游船 8 只，当年 4 月 20 日交齐。同时于河南岸东段辟建码头，支搭宽 16.67 米、进深 6.67 米席棚 1 座，整理油饰售票木阁 1 个，安装电灯等。当年 4 月 22 日正式售票营业。

美术展览是民国时期在中山公园备受关注的一类文化活动。至全面抗战爆发前，中山公园见证了美术展览、社团、院校、画报的萌芽和发展。作为京城最早的公共空间，中山公园逐步成为京派美术活动的中心。从《中山公园事务报告书》有记录以来到 1942 年，园方统计举办了 170 场由团体组织的美术展览。1937 年举办了 15 次，1938 年举办了 23 次，1939 年举办了 21 次，1940 年举办了 37 次，1942 年举办了 4 次。其中 1940 年从 1 月 1 日开始，除 2 月份没有记载外，直到 12 月 23 日，美术展览几乎贯穿了全年。

1939 年正值中山公园开放二十五周年之际，公园董事会编印发行《中央公园廿五周年纪念刊》。彼时正值敌伪统治北平时期。当时公园董事之中，有已经沦为汉奸者。但尽管如此，书中没有任何献媚日寇的言辞，而且字里行间依稀可见借题发挥进而宣扬民族精神之处。如朱启钤先生在开篇的序言中就强调："斯园也，乃古之国社。《国语》曰'观民于社'，《周礼》曰'祭州社，则属其民而读法'。是斯园为我先民奕世精神所寄托，亦已伟矣重矣！固非以园林视之，徒侈耳目之游观已也。"其言铿锵，将此园比作中华文化精神的象征，既伟且重，虽山河沦陷，园亭失色，但这种精神不可磨灭。故而这本《纪念刊》所隐含的情结也堪为历史的纪念。《纪念刊》印行之后，中央公园依然屡有更作，其中最大的憾事是 1942 年 7 月于社稷祭坛东侧建中山音乐堂，不但破坏了内坛墙中历史空间的对称格局和传统的肃穆气氛，也与原有的建筑风格和园林景象难以协调，其庞大的体量对历史环境产生进一步的压抑之感。

1946 年 4 月 21 日，中国共产党北平地下组织为揭露国民党"假和平、真备战"的阴谋，组成"北平市国大代表选举协会"，于当天下午 2 点在中山公园音乐堂举行"国大代表选举问题讲演会"。大会开始后，当局组织的暴徒、特务大声叫骂，抛掷鸡蛋、石块，捣毁会场，应邀讲演的陈瑾昆、江绍原教授及美国新闻处平津分处处长福斯特等与会人员被打得头破血流。对此，协进会主席张毅苓召开记者招待会，向当局提出抗议。[1]

1949 年 1 月 22 日下午 6 点 30 分，中山公园水榭举行北平和平解放新闻发布会，阎又文代表华北"剿总"总司令傅作义，向翘首以待的中外记者们，向全中国和全世界宣告，国共双方签署了"北平和平协议"，这座历史名城的命运将不再通过战争流血的方式来决定，成千上万人的生命和这座文化古城将得以保全，北平的和平解放终于实现。[2]

复兴发展时期（1949—2024）

1949 年 2 月 3 日，中国人民解放军北平市军事管制委员会接管旧工务局，内设园林管理科，中山公园归属工务局。4 月 1 日改工务局为建设局，中山公园移隶建设局。1949 年 2 月 12 日，北平市军管会主任叶剑英派贾庭三来园商议接管事宜。次日工作组进驻中山公

---

[1] 中山公园管理处：《中山公园志》，中国林业出版社，2002 年，第 101 页。
[2] 阎恩兰、阎京兰：《父亲阎又文与北平和平解放》，《党史文汇》2012 年第 8 期。

园，组长任靖芳，组员王占山、苏培勇等 4 人，后又陆续增添数人，分两个组进行工作。工作目的主要是了解情况、监督工作、学习业务、评定工资、发动群众、组织工会。同年 4 月 18 日中山公园正式被接管。当日，市长叶剑英、副市长徐冰宣布："为适合需要，加强管理，设管理处负责督导，原有理事会、评议会一律撤销。委派任靖芳同志为公园管理处秘书、代理主任，前往接收具报，即日办理移交手续。"5 月 20 日原公园事务所管理员哈奎秀，将清点后的 9 本各类清册移交工作组。计有：（1）钤记文卷清册，（2）财产总清册，（3）植物清册，（4）动物清册，（5）票证清册，（6）会计收支清册，（7）会计簿册，（8）员工名册，（9）驻园各机关团体及商号清册。6 月 14 日将清册报送建设局。

1950 年 8 月 16 日根据北京市政府"京秘"字第 4029 号令，中山公园管理处改为北京市公园管理委员会管理科。1950 年 12 月 23 日市政府"京秘"字第 800 号令，从 1951 年 1 月 1 日起恢复中山公园管理处名称。1965 年 4 月按北京市政府行业归口的规定，餐馆、照相部交北京市服务事业管理局，茶点、小卖部交市糖业烟酒公司。行政业务脱离中山公园管理处管辖，中山公园服务社亦即撤销。但党的组织关系仍隶属中共中山公园总支委员会。1984 年 7 月，中山公园试行管理处主任聘任制。1986 年 7 月 22 日，经市园林局（86）园劳人字第 193 号文批准，中山公园机构由原来的股队合一体制，改为处、队、班三级管理体制。

中华人民共和国成立后相当长一段时间，中山公园成为党和国家重要外事活动的场所，也举办很多重要的文化活动。

1949 年 4 月 16 日下午 2 点半到 6 点，由柳亚子主持的南社、新南社"联合临时雅集"在中山公园来今雨轩举行。有 80 多人到会，周恩来、叶剑英、连贯、李立三等人以来宾身份讲话。[1]

1949 年经党中央和中央军委批准第四野战军直接领导建立"南下工作团"。4 月 8 日，南下工作团四个大队齐聚北平中山公园音乐

---

[1] 袁小伦：《叶剑英和南社诗人》，载《党史纵横》2002 年第 3 期，第 7 页。

堂隆重举行开学典礼。5月16日，周恩来到中山公园音乐堂，向全体团员作《关于革命青年的修养及目前形势》的报告。

1949年5月22日，北平院校学者第一次代表大会在中山公园来今雨轩举行。此次大会正式成立了北平院校教授研究员联合会（简称为"北平教研联"）[1]。

1949年7月21日，全国美协在中山公园来今雨轩正式成立。徐悲鸿当选为第一任主席。江丰、叶浅予为副主席，刘开渠、吴作人等为常委，全国委员41人，候补委员10人[2]。

1949年7月22日，由曲艺方面的代表和文学、戏剧、音乐、民间文艺等方面的代表发起，在来今雨轩召开了中华全国曲艺改进会筹备委员会第一次会议，宣布中华全国曲艺改进会筹备委员会（中国曲艺家协会前身）正式成立，发起的筹备人员有丁玲、王亚平、王尊三、田汉、申伸、史若虚、安波、西戎、沈冠英、周扬、赵树理等50人[3]。

1949年8月9日至14日，北平市第一届各界人民代表会议在中山堂举行，出席代表25个界别332人，市长叶剑英致开幕词，周恩来、朱德、董必武、李济深、沈钧儒、郭沫若等到会作报告或讲话。这次会议在全国起到示范作用，对之后召开的政协会议也产生了深远影响。

1949年9月中旬，开国大典阅兵指挥所在中山公园来今雨轩召开联席会。会议讨论了阅兵进行曲[4]。

1957年5月，党和国家领导人毛泽东等陪同苏联最高苏维埃主席团主席伏罗希洛夫参加在中山公园的游园晚会，观看文艺演出。1957年，党和国家领导人朱德等参加庆祝建军三十周年游园会。1986年，为纪念孙中山先生诞辰120周年，北京市政协在公园南门内石坊以北建孙中山铜像。

1949年至1986年重大节日期间，中山公园多次承担为天安门城

---

[1]《北平各院校教授研究员成立教研联》，载《人民日报》1949年5月23日，第1版。

[2]《全国美协成立，文协定今日产生》，载《人民日报》1949年7月23日，第1版。

[3]《曲艺改进会筹备会成立》，载《人民日报》1949年7月24日，第1版。

[4]宫五一：《罗浪伯伯》，载《北京晚报》2015年10月10日。

1952 年，人们在公园欢度春节

1954 年"六一"前夕，首都儿童在中山
公园社稷坛举行联欢晚会

1978 年，迎着瑞雪到公园唐花坞赏花的人们

楼摆设花木的任务，创造了高雅温馨的环境和热烈的节日气氛，据统计，公园为天安门城楼等处摆花共计 30 余次，25437 盆。

1980 年至 1990 年，中山公园分期分批调整树木品种，更新老化、病害花木。1990 年至 2005 年，在北京市园林局的领导下，落实"一流目标、文化建园、规划建园、科技兴园"的方针和"生态、景观、文化协调发展"的要求。1990 年 9 月建成蕙芳园景区。1991 年建成"来今雨轩"新址。相继投资 20 万元完成唐花坞外部整修工程；投资 18.5 万元完成愉园改造工程；投资 31 万元制作安装无障碍坡道 20

中华人民共和国成立四十五周年游园活动

中华人民共和国成立五十五周年游园活动

1997年香港热土收藏仪式。中央代表团成员亲自将一捧香港地区的土壤带回北京，撒在中山公园五色土中，象征香港回到祖国母亲的怀抱

1997年香港热土收藏仪式上，九十岁高龄的文物专家单士元以及侯仁之、张开济、罗哲文等把取自香港的热土撒在五色土祭坛上

处，基本形成了环闭式游览通道。

　　逐年对重点景区周边环境进行综合整治。南门将原有的中心方花坛改造为六瓣花形水法花坛，同时对广场地面进行铺装改造，使南门景区成为清泉喷涌、鲜花争艳、松柏常青的景观亮点。调整中山像周边景观，清除老化的侧柏绿篱，恢复草坪300余平方米，使景观整体性更加突出。西门和水榭景区按照坛庙园林与现代城市园林相协调的要求，丰富植物配置，强化景区功能，提高艺术品位。

　　以特色植物为依托加强主题景区建设。一是建设梅园景区。增植宫粉、骨里红等梅花品种9种86株。二是新建芍药圃。从山东菏泽引进芍药新品种43种7500株，种植在园内西南地区，此后逐年更新。三是丰富、扩大牡丹观赏区。从菏泽地区引进牡丹品种95种248株。四是对位于公园南门广场西侧的"月月太平"景区进行改造。

1992年1月30日，北京兰花研究会在中山公园正式成立

1996年第一届郁金香花展

新植红双喜、黄和平等月季品种，栽植太平花38墩，改造草坪，增加红瑞木等观叶灌木。五是开展了东部景区改造。涉及"长青园""香雪海""投壶亭""松柏交翠亭"四个景区。移伐影响古树生长和长势不良的乔灌木100余株，移植、新植花灌木150余株，改造草坪4000平方米，种植丹麦草、苔草1200平方米。重新塑造地形，改原有绿地为下凹式绿地，便于雨水收集和利用，累计清运土方400余立方米。新建长青园内仿古六角亭一座、仿古长廊一处，重建长青园景墙，投壶亭藤萝架改混凝土结构为钢结构，重铺地面。新建山石小品4组，整理原有山石小品5组。修缮原有路椅12组。新建改建路灯27盏、室外广播设施2部，延长绿地喷灌管线1800米、安装喷头380余个。景区内累计铺设花岗岩面砖1237平方米，透水砖1098平方米，卵石镶嵌甬路108平方米。施工中发掘出早期埋藏的"辛亥革命滦州起义将士纪念碑""石灯座中段部分""行健会碑"等文物5件。六是开展西北山改造。积极推动科技成果的转化，进行了五次大规模的露地花卉

2016年3月，"郁金香的前世今生"主题花展在中山公园唐花坞开展

2017年郁金香花展期间，"喜庆迎宾"景区

2020年4月14日，中山公园西坛门外郁金香花展"春天的旋律"景区

更换工作，在全园范围内引种 15 个新优花卉品种，9 个常规花卉品种，为充实园内花卉品种，丰富生物多样性，提高生态效益做出有益的探索。

依托公园花卉展养技术优势，逐步形成以兰花、郁金香为代表的公园花卉文化品牌。充分利用唐花坞、蕙芳园两个专业展室，常年开展花卉专题展。1991 年在蕙芳园举办第一届兰花展，由此为兰花文化品牌奠定了基础；1992 年举办第一届梅花精品展；1996 年成功举办首届郁金香游园会，后连续举办 29 届。利用 2008 年北京奥运会、残奥会，以及中华人民共和国成立七十周年、中国共产党建党百年等契机，逐步提升公园花卉展摆水平。北京奥运会期间公园以"中华文明，光彩奥运"为主题，采用中国传统山水画卷的表现形式，使用四季海棠、温室凤仙、小菊、万寿菊等草本花卉 15 万株（盆），五色草、海棠穴盘苗 200 余平方米在主要游览区进行花卉环境布置，极大地提升了景区的观赏性。中华人民共和国成立六十周年，中山公园作为北京市国庆游园指挥部"十方乐奏、百园展示、千园添彩"总体方案中"百园展示"公园之一，紧紧围绕"祥和共进"主题，使用花卉材料 120 余个品种近 30 万株（盆）对园区进行花卉布置。全园花卉环境布置被北京市园林绿化局、北京市公园管理中心评为北京市六十周年大庆地栽花卉一等奖；"祥和共进"荣获主题花坛一等奖；"祥和万寿"荣获主题花坛三等奖；"缤纷大道"荣获地栽花卉布置一等奖；"两线明珠""四季欢歌"荣获花卉布置二等奖。中华人民共和国成立七十周年，中山公园克服运输车辆管控严格、燃油机械禁用等实际困难，精心装点各色花卉 13.76 万盆，布置立体花坛 2 个、花境花钵 24 处，地栽花卉 1800 平方米，改造草坪地被 10000 平方米。

中山公园同时较好地发挥了首都群众文化活动、精神文明建设阵地的作用，相继开展"中国成语艺术宫"、"北国奇观"冰灯展、苏州灯彩艺术展等主题鲜明、形式新颖的大型展览活动。举办"京津同辉"游园会，党和国家领导及首都各界群众 2 万多人参加游园庆祝活动。

经市政府批准，公园门票价格由每人次 0.05 元逐步调整为 3 元。

2012 年国庆，中山像北侧花坛

2014 年国庆期间，采用大丽花布置社稷祭坛

2014 年国庆前夕，西南广场花坛"丰收之喜"

2015 年，为迎接抗战胜利 70 周年，公园南门中山像后放置大型立体花坛"胜利的号角"

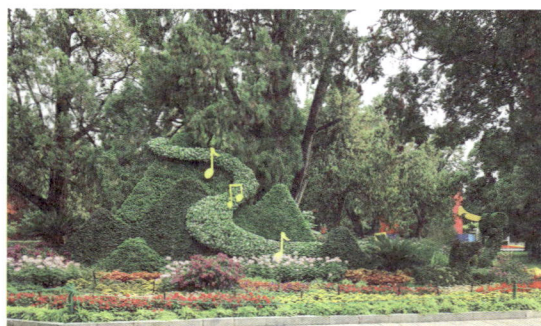
2019 年 9 月 19 日，中山公园西坛门外"和谐乐章"立体花坛

2019 年 9 月 27 日，中山公园中山像后"心芯相印"立体花坛

2002 年，公园正式启动 ISO9001 质量管理体系认证、ISO14001 环境管理体系认证工作。2001 年、2002 年、2004 年，相继实行劳动用工动态管理，全面裁减临时工，引导正式职工转岗。2003 年引入社会化管理的措施，先后在园容卫生、绿化养护部分岗位实现社会化管理。2003 年实现外坛绿化全部社会化。2008 年实现园容保洁全部社会化。

2006 年，北京市公园管理中心成立。公园在中心"三步走，八大战略"指导下切实发挥首都核心区服务保障功能，承担"四个服务"责任，坚持首都公园系统"四优一满意"的工作标准，努力将公园打造成为彰显首都优美环境、体现首都优良秩序、展现首都优质服务、传承首都优秀文化的精品，做到让游客满意。

中山公园先后开展《中山公园总体规划》《北京市社稷坛（中山公园）文物保护规划》编制工作，先后编制公园中期规划，逐步形成规划体系，为实现规划建园奠定坚实基础。累计投资千万元相继完成社稷坛坛门、坛墙修缮，坛墙下碱改造等文物古建修缮工程，修缮坛门、坛帽，油饰墙面。同时，完成习礼亭维修、兰亭外立面油饰见新、神库神厨油饰粉刷、社稷坛南坛门石狮保护等文物修缮工程。相继完成园内景观水改造、地下管线勘测、西南山西侧石板路铺装和园内部分工作用房、职工宿舍建设等多项零修工程。实施了园内 104 部电话系统升级改造、长廊油饰彩画等基础设施改造工程。

坚持"安全第一、预防为主"的方针，提升公园应急管理水平，保证安全责任落实：大力开展安全生产标准化建设，探索科学管控手段，提升安全防范等级；增加园内巡查频次，劝阻游客不文明行为，依托社会力量共同维护游客游园秩序；加强安防物资储备，确保安全设施完好有效；配合地区做好安全保障；加大排查监测力度，及时消除安全隐患，努力打造平安园林；完善公园安全系统，相继完成了监控室改造、消防设施改造更新工程；新增摄像头、强光灯、红外夜视灯、彩色摄像机等设备；购置多功能洒水车及细水雾消防车；对园内避雷、配电、通讯等技防安全设备设施进行了改造更新。

不断创新工作内容和工作形式，管理服务有新进展：公园于 2006 年末开始实行岗位管理，将原来的干部、工人岗位调整为管理岗位、专业技术岗位、工勤技能岗位；同时，公园绿化、园容清扫和厕所保洁逐步实现社会化；深入推进"以人为本"服务理念，完善人性化细节服务，积极开展为游人办实事工程；改造和完善对外网站、触摸咨询系统、全景导游图、电子显示屏、无障碍设施等服务设施。

坚持"文化建园、文化强园"战略，突出主题文化，坚持多元化、特色化，丰富公园文化活动，提升展陈水平，品牌价值全方位升级；发挥公园文化资源优势，深入文化研究，充分释放文化遗产的文化活力，全面提升文化软实力；整合优势资源，培育文化品牌，公园文化发展有新亮点。每年利用唐花坞、蕙芳园等展室展厅开展多种有品质的文化活动 10 余次。2007 年，组织来今雨轩历史文化展，挖掘和展示了百年老字号历史文化内涵。2009 年，"来今雨轩文化空间"被评为东城区非物质文化遗产。2021 年 6 月，来今雨轩作为中国共产党早期北京革命旧址之一开放。不断优化提升"我心中的少年中国——红色精品微课堂""我心中的少年中国——红领巾讲红色故事"青少年主题志愿讲解等红色文化品牌活动。举办系列红色文化活动 30 余场次。不断丰富北京中轴线保护的活动形式，积极参加中轴线上"过大年"活动。开展北京中轴线相关文化研学活动。拓展多维度、多层次、立体化的中轴线文化遗产价值，并同步开展线上直播。

2012 年，北京中轴线成功列入《中国世界文化遗产预备名单》。2016年，推动北京中轴线申遗写入北京市政府工作报告。2018 年，社稷坛（中山公园）被确定为北京中轴线遗产点之一。为做好遗产保护工作，突出社稷坛在中轴线上的价值认知，中山公园不断提高公园遗产保护水平。先后组织社稷坛（中山公园）历史文化、文物保护、文化传播等方面课题研究15 项，较好地阐释其在北京中轴线的地位、作用、价值。2018 年升级馆藏文物库房、石碑石刻库房，并入公园

2009 年，来今雨轩文化空间获评东城区非物质文化遗产

2011 年"六一"观赏鱼展览

2011 年 7 月 31 日，开展"中山手谈，棋类互动"活动

监控系统管理；仿制三级文物——明早期铜舞人投壶。2019 年更新社稷祭坛 4 处棂星门台阶保护。2020 年完成青云片石保护修复。2021年扩大青云片石铜质围挡面积，增设铜质围栏 7.2 米。邀请石质勘察专业公司现场调查园内露陈石构件、名石等，提出具有针对性的保护建议。2023 年鉴定馆藏文物，启动铜质文物修复，组织木器家具修复。2023 年兰亭碑石屏及兰亭八柱、青云片刻石入选国家文物局《第一批古代名碑名刻文物目录》。积极主动配合北京市申遗办收集 9 项

2014 年 10 月 14 日，中山公园园史展在水榭开展

2014 年 10 月 14 日，社稷文化展在神厨开展

2014 年 11 月 1 日，中山公园开展"秋天的馈赠"系列科普活动，图为汉服古典舞蹈表演

2019 年 1 月，以祭祀社稷神的八佾舞中的一节为蓝本，自主编排并演出祭祀舞蹈"春祈"

工程档案、13 项历史沿革档案、2 项古树名木档案、2 项安防消防监控档案等，由北京中轴线遗产保护中心档案管理部门按照世界文化遗产保护规范归纳整合，汇总成 25 卷主卷、11 卷副卷及 13 卷备考卷。确定东、西、南内坛门及东、西棂星门 5 处设备监测点位，建立了社稷坛文化遗产监测与保护平台。通过监测平台能够实时监测遗产要素现状，分析遗产点监测数据并汇总形成报告。截至 2023 年 7 月底，总投入 3471.61 万元，完成社稷坛内坛门坛墙修缮等重要项目 18 项，拆除非文物建筑 5151.16 平方米，恢复绿化 5477.05 平方米。

经过多年的发展建设，中山公园园林景观更加精致，文化氛围更加浓厚，基础设施更加完备，服务水平更加提升。1957 年 10 月 18 日，社稷坛（中山公园）被北京市政府批准为市级文物保护单位，1988 年 1 月 13 日被国务院批准为全国重点文物保护单位。2009 年 12 月 3 日，经中华人民共和国住房和城乡建设部批准，北京市中山公园被评为第三批国家重点公园。先后被评为北京市一级公园、精品公园等。2011 年获批成为国家 AAAA 级景区。2022 年被评定为北京市红色旅游景区。2022 年在中国文物学会、中国建筑学会指导下，中山公园被推介入选第七批"中国 20 世纪建筑遗产项目"。

2023 年 3 月，北京中轴线申遗进入冲刺阶段。中山公园在市公园管理中心的带领下，不断提高思想站位，将中轴线申遗迎检作为头等大事，成立了迎检工作领导小组。党委书记、园长任组长，下设协调联络组、环境提升组、文物修缮组、安全保障组、稿件撰写组，建立党委统筹领导、班子成员参与、各科队协同实施、全员参与的责任链条，形成了党政合力、内外合力，集中力量办大事的工作局面。制定了迎检工作方案，随着两次评估、两次全要素演练，迎检方案动态细化10余次。

随着北京中轴线申遗工作的日益深化，中山公园的文化遗产活化与赋能工作展现出蓬勃生机。充分利用微信公众号、抖音、微博等新媒体平台，精心编写中山故事，传播中山声音，全方位、多角度地展示中山公园的独特魅力与深厚底蕴。近年来，中山公园为本地及外省的中小学生举办了5场社稷祭祀文化讲座，深入浅出地讲解了这一古老而庄重的文化仪式。同时，中山公园积极接受北京电视台、北京广播电视台等主流媒体的采访，累计超过10次，深入介绍社稷文化的内涵与价值。2023年，成功举办了"中轴丽影——北京中轴线历史影像原作展"，并邀请了25家知名媒体参与新闻发布会，相关报道累计达300篇次，引起了社会各界的广泛关注与热议。在第七个"文化和自然遗产日"期间，与《北京青年报》携手推出了"云赏中轴丽影——小记者对话大专家"特别直播活动。此外，还积极参与了《这里是北京（照片里的中轴线——社稷坛）》《最美中轴线》《立夏时节说社稷坛》《从皇家祭坛到人民公园》等节目的录制工作，其中北京中轴线文化大讲堂直播的总观看量更是达到了86.4万人次。

发挥来今雨轩茶社作为爱国主义教育基地的独特作用，不断优化培训内容，创新红色文化品牌活动，年均举办系列红色文化活

2023年，来今雨轩红色文化体验课开讲

2023年6月8日，在微博线上直播"云赏中轴丽影——小记者对话大专家"活动

动超过 30 场，有效激发了公众的爱国热情与文化自信。

2018 年，成功完成了社稷坛外坛 5 户住户的腾退工作，成为全市首家完成文物腾退项目的文保单位。此后几年间，又相继完成了多处非文物建筑的腾退与拆除工作。特别是在 2023 年申遗冲刺阶段，中山公园仅用 35 天就完成了天管委（北京市人民政府天安门地区管理委员会）食堂、天安门国旗护卫队和武警食堂的腾退拆除工作；28 天内完成了北京市政协小院的腾退拆除整治工作。这些成绩的取得，不仅使中山公园的遗产环境和遗产面貌得到了历史性的改观和提升，还赢得了国家文物局及北京市文物局各级领导的高度评价，这些行动被誉为北京中轴线申遗行动的重大亮点项目。

2024 年 7 月 27 日，北京中轴线在第 46 届世界遗产大会上申遗成功，这不仅是对北京乃至中国传统文化的一种肯定，更向世界展示了中国深厚的文化底蕴和独特的城市规划智慧。2024 年也是北京中

北京市政协中山堂办公区腾退前

北京市政协中山堂办公区腾退后

天管委、武警食堂腾退前

天管委、武警食堂腾退后

山公园对公众开放 110 周年，公园相继启动了系列文化活动，贯穿全年，如组织中山公园园史展、朱启钤与北京中山公园早期建设展，出版历史老照片、风光影集，更新两处传统花卉展厅，举办金鱼文化展、崔马太中国传统书画展。

展望未来，北京中轴线申遗的成功并非终点而是新的起点。中山公园将坚定不移地贯彻习近平总书记关于加强文化和自然遗产保护传承利用工作的重要指示精神，在文物修缮、保护、价值阐释及公众参与等方面持续用力、久久为功。坚持"在保护中发展、在发展中保护"的遗产保护原则，让文化成为推动中山公园高质量发展的强大动力源泉，奋力谱写公园建设的崭新篇章。

编后记

《朱启钤与北京》

2024 年是朱启钤先生辞世 60 周年，2 月 26 日，"与国同行·都城设计——北京建院'院史馆'主题座谈暨《朱启钤与北京》首发式"活动在北京市建筑设计研究院举办。与会专家在中国文物学会会长单霁翔、马国馨院士引领下，陪同朱启钤曾孙朱延琦一同参观了北京建院院史馆。本人特别在"都与城"展厅向单院长和朱延琦介绍，1941—1944 年在爱国老人朱启钤授意和指导下，张镈带领天津工商学院 30 余位师生在艰苦的环境下，历时三载完成了中轴线建筑之测绘，2005 年借故宫博物院成立 80 周年之机将张镈大师赠给北京建院的玻璃底稿（中轴线测绘图稿）——《北京中轴线建筑实测图典》正式出版。现在看来，这也许是早在 20 年前就开展的为北京中轴线申遗所做的历史文献整理工作。

比《朱启钤与北京》一书内容更翔实、更集中的是《朱启钤与北京中山公园》一书，它由北京市中山公园管理处与中国文物学会 20 世纪建筑遗产委员会联合主编，它问世于"北京中轴线——中国理想都城秩序的杰作"列入《世界遗产名录》的 2024 年，问世于北京中

2024 年 2 月 26 日，"与国同行·都城设计——北京建院'院史馆'主题座谈暨《朱启钤与北京》首发式"活动留影

2024 年 8 月 3 日，笔者在中山公园来今雨轩做讲座

山公园正式对外开放 110 周年的 2024 年。本人有幸受北京中山公园秦雷园长邀请，于 2024 年 8 月 3 日在享有盛誉的北京中山公园来今雨轩茶社，面向数十位向社会招募的热心观众及北京公园管理方领导，以"20 世纪建筑遗产视野下——略忆北京中山公园百年建设中的人和事"为主题做了讲座。讲座共涉及四个方面内容，即北京中央公园的建立与来今雨轩，北京中山公园何以成为 20 世纪建筑遗产项目，中山公园规划与建筑特点，致敬中山公园创办者朱启钤、总建筑师华南圭。在讲座开篇的话中我表示：北京中轴线申遗成功，重要的是印证了 70 多年前梁思成对中轴线的盛赞"北京独有的壮美秩序就由这条中轴的建立而产生"。借此，我还从国际视野及中国 20 世纪建筑遗产的高度对北京中山公园做了现代遗产解读。作为中国 20 世纪建筑遗产的北京中山公园，社稷坛是北京中轴线十五个遗产构成要素之一，中轴线申遗成功无疑是中山公园对外开放 110 周年庆典史上的大事件。110 周年的历史变迁说明建立在现代城市理念上的公园观，不仅是"西学东渐"中的"西园东渐"，更体现了国际视野下古都北京的近现代变迁。

从 20 多年前关注朱启钤及其贡献出发，从近十年倾力研究中国 20 世纪建筑遗产的视角出发，我很信服中国文化最善于对外来文化予以本土化转型的观点，从此要点看北京中山公园，正如海德公园于伦敦、中央公园于纽约，北京中山公园是朱启钤、华南圭等人靠文化交融理念创造出的新公共文化空间。其难就难在它发生在 110 年前，其可贵在于朱启钤敢于使中山公园成为北京乃至中国公众高雅生活的"标配"，它无疑是 110 年来古都北京走向现代文明的精神符号及场所。8 月 3 日在来今雨轩的讲座我感慨颇深，不仅提及了来今雨轩乃北京红色圣地，更讲述了它是中国公共知识分子乃至文学艺术名人汇聚之所，从鲁迅、陈寅恪、沈从文、叶圣陶、周作人、张恨水、林徽因讲到当代作家肖复兴等。现在回溯近些年，中国文物学会 20 世纪建筑遗产委员会与建筑文化考察组就多次循中国营造学社之路造访北京中山公园，印象最深的有三次：

2014 年 2 月，正值朱启钤辞世 50 周年，建筑文化考察组从中山公园"一息斋"始，先后考察了唐花坞、水榭、长廊、格言亭等，后赴朱启钤中国营造学社从中山公园搬出后的工作地点——赵堂子胡同 3 号；第二次是 8 年后的 2022 年 4 月 11 日，正值疫情期间，为朱启钤诞辰 150 周年、华南圭诞辰 145 周年，建筑文化考察组随华南圭孙女华新民、中山公园遗产办公室主任盖建中再赴中山公园，仔细围绕"来今雨轩"进行了交流，并在来今雨轩的会议室深入研讨；第三次是 2024 年 4 月 8 日，中国文物学会 20 世纪建筑遗产委员会秘书处组织了朱启钤曾孙朱延琦，华南圭孙女华新民，北京建筑大学、北方工业大学师生，在秦雷园长带领下研讨了 2024 年中山公园 110 周年庆典展示传播的相关事宜，朱延琦先生、华新民女士都感慨发言。除记述这三次考察外，我与殷力欣先生、苗淼副秘书长还多次针对中山公园两大展览及 110 周年纪念活动提交了相关文案及策划思路，表明在

朱启钤与北京城市建设——北京中轴线建筑文化传播研究与历史贡献者回望 学术沙龙
（前排落座：左一：华南圭孙女华新民 左二：中国文物学会副会长刘若梅 左三：中国工程院院士马国馨 左四：朱启钤曾孙朱延琦）

单霁翔院长、马国馨院士领导下的中国文物学会20世纪建筑遗产委员会对中山公园文化建设及影响力的认同与倾力支持。

除了上述机缘外，无论从20世纪建筑遗产研究，还是20世纪建筑遗产关注的"公园文化"出发，我们都应思考如何做活"遗产之旅"，尤其是在北京中轴线申遗成功后，如何借势发力，使共同推出的《朱启钤与北京中山公园》至少能表达如下信息：其一，作为文化记忆体的中山公园，有太多真实的价值要挖掘和讲授，相信在大多数北京人心中，对它的认知仅仅是天安门广场边的一个公园，其拥有怎样的过去，它的代表性建筑有什么记忆点，确实需要开展深入而广泛的宣传与介绍活动；其二，北京中山公园无疑是经典的，加上中轴线遗产的构成要素的社稷坛，人们可与古代与现代的经典对话，在与时代同行中，感受中山公园特有的文化，这里有讲不完"故事"的来今雨轩，有说不尽"名人"的来今雨轩；其三，中山公园音乐堂，东临故宫，南望天安门广场，与国家大剧院隔长安街，其独特的地理位置与时代背景，使它拥有"中国皇家园林的音乐明珠"之称，从1942年始建至1999年跻身国内一流音乐演出场所，中山音乐堂不断打造标志性文化品牌，当人们步入中山公园，徜徉古亭长廊后，聆听一场纯美音乐会，也许是中山公园能给予公众的独一享受，相信它会让更

2024年4月8日，考察组在中山公园来今雨轩门前合影

2022 年 4 月 11 日，考察组赴中山公园考察

多的来者感受深深。

　　中外遗产文化观，都强调机遇与危机并存，要认识遗产的来之不易，要研究并比对遗产的共通性及特点：工业革命带来了欧美造园运动，世界园林史上第一座真正的城市公园是英国利物浦市伯肯海德公园（1847 年开放），170 多年来历经维修提升，仍保有原规划格局，1977 年英国政府将伯肯海德公园定为历史保护区；1858 年，历时 15 年建设的纽约中央公园建成，它号称"纽约后花园"，具有现代景观的开创意义；上海外滩公园是中国近代史上第一座公园，1868 年建成但不对中国人开放，直到 1928 年 7 月上海租界内公园才对中国人开放，现为中国历史文化街区。从北京中山公园的遗产认知想到，列入世界遗产后的社稷坛能给旅游带来什么？同样，中山公园要共同发力为中轴线上的北京游、天安门广场游带来无限新增益与新效果。

　　联想到 2009 年，建筑文化考察组在时任国家文物局局长单霁翔的指导下，完成了《中山纪念建筑》一书的编研，它以 1957—1958 年梁思成率历史所团队所做的《北京近代建筑》为参照，将全国数以百计以"中山"命名的标志性建筑、设施、道路及公园整理入册。我以为在拓展北京中山公园的一系列文旅项目中，仅以 20 世纪文化巨匠为例便至少有两条思路：一是以中华民族复兴伟大先驱孙中山为首的现代化之旅，在北京中山公园开辟所有与中山先生有关的场所并举办展览；二是以中山公园 110 年建设的先驱朱启钤、华南圭为代表的

"北京中山公园的创建及其现代意义"研讨会专家合影（北京中山公园新来今雨轩，2024 年 10 月 5 日）

建筑园林历史文化展，除介绍中山公园红色文化外，更要全面展示在其中发生的文化大事件，形成古都现代化建设贡献文化志士人物谱等，使之成为在故宫博物院、国家博物馆旁更充分展示近现代中国 20 世纪建筑园林遗产特色的文化创意空间。现在全国上下都在开展第四次文物普查，也希望北京中山公园能够提供全域视角下 20 世纪建筑普查的方法及示例，在新发现和新进展中向前。

我们感悟《朱启钤与北京中山公园》一书的编撰，更感谢北京市中山公园管理处在多方面给予的支持，使得本书编辑过程在研究与求索中前进。特以此书出版致敬朱启钤先、华南圭先生，更服务于北京市中山公园乃至全国中山公园及中山建筑未来的文化发展与兴盛。

金磊

中国文物学会 20 世纪建筑遗产委员会副会长、秘书长

中国建筑学会建筑评论学术委员会副理事长

2024 年 10 月

参考文献

1. 朱延琦，中国文物学会 20 世纪建筑遗产委员会．朱启钤与北京［M］．杭州：浙江摄影出版社，2024.

2. 朱启钤．营造论——暨朱启钤纪念文选［M］．天津：天津大学出版社，2009.

3. 朱启钤．中国营造学社开会演词［M］//中国营造学社．中国营造学社汇刊：第一卷第一册．1930.

4. 史明正．走向近代化的北京城——城市建设与社会变革［M］．北京：北京大学出版社，1995.

5. 汤用彬．中央公园廿五周年纪念刊［M］．北平，1939.

6. 刘娟，陈雳．近代北京中山公园建设及价值探析［M］．天津：天津大学出版社，2024.

7. 林洙．叩开鲁班的大门——中国营造学社史略［M］．北京：中国建筑工业出版社，1995.

8. 林峥．公园北京：文化生产与文学想象［M］．北京：北京大学出版社，2022.

9.《建筑创作》杂志社，四川省李镇人民政府．图说李庄［M］．北京：中国建筑工业出版社，2006.

10. 中山公园管理处．中山公园志［M］．北京：中国林业出版社，2002.

11. 原北平市政府秘书处．旧都文物略［M］．北京：中国建筑工业出版社，2005.

12. 北京市建筑设计研究院，《建筑创作》杂志社．《北京中轴线建筑实测图典》［M］．北京：机械工业出版社，2005.

13. 金磊．朱启钤开创的城市建设遗产保护之路［M］//王贵祥，刘畅，贺从容，李菁．匠学薪传——中国营造学社诞辰 90 周年纪念文集．北京：中国建筑工业出版社，2022.

14. 古睿，黄晓．社会嬗变下的历史转译：清末农事试验场的景观建筑近代化［M］// 张复合，刘亦师 . 中国近现代建筑研究与保护 12 · 第 18 次中国近现代建筑史学术年会论文集 . 天津：天津大学出版社，2024.

15. 鞠熙 . 民国北京公园理念与传统公共空间转型——以 1919—1915 年北京城市改造为例［J］. 北京师范大学学报，2016（4）.

16. 王来水，盖建中 . 百年中山话沧桑［J］. 北京史与北京生态文明研究，2015（7）.

17. 贾珺 . 朱启钤诞辰 150 周年，他留下了北京最早的城市公园［N］. 北京晚报，2022-11-28.

18. 高申 . 穿越时光隧道，解锁中山公园的奇趣密码［N］. 北京青年报，2024-08-05.

19. 赵晋华 . 坐落于园林中的中山公园音乐堂［N］. 中华读书报，2024-06-26.

20. 赵墨 . 营造 · 中华——中国营造学社成立九十周年回望［N］. 中国美术报，2020-04-16.

责任编辑：李含雨

装帧设计：巢倩慧

责任校对：王君美

责任印制：汪立峰　陈震宇

图书在版编目（CIP）数据

朱启钤与北京中山公园 / 北京市中山公园管理处，
中国文物学会20世纪建筑遗产委员会主编. -- 杭州 ： 浙
江摄影出版社，2024. 10. -- ISBN 978-7-5514-5130-7

Ⅰ. K827=7；K928.73

中国国家版本馆CIP数据核字第20243JV238号

ZHU QIQIAN YU BEIJING ZHONGSHAN GONGYUAN

朱启钤与北京中山公园

北京市中山公园管理处　中国文物学会20世纪建筑遗产委员会　主编

全国百佳图书出版单位

浙江摄影出版社出版发行

地址：杭州市环城北路177号

邮编：310005

网址：www.photo.zjcb.com

电话：0571-85151082

制版：浙江新华图文制作有限公司

印刷：浙江兴发印务有限公司

开本：787mm×1092mm　1/16

印张：10.5

2024年10月第1版　2024年10月第1次印刷

ISBN　978-7-5514-5130-7

定价：86.00元